习近平说，雷锋是一个时代的楷模，雷锋精神是永恒的。实现中华民族伟大复兴，要不断闯关夺隘，也需要更多的时代楷模。积小善为大善，善莫大焉，这和我们党“为人民服务”、“做人民勤务员”是一脉相承的。我们要见贤思齐，把雷锋精神代代传承下去。学习雷锋精神，就要把崇高的理想信念和道德品质追求融入日常的工作生活，在自己岗位上做一颗永不生锈的螺丝钉。

——摘自2018年9月28日新华社报道《习近平号召“做一颗永不生锈的螺丝钉”》

国家新闻出版广电总局深入学习宣传贯彻党的十八大精神重点出版物

告诉你一个真实的雷锋

陶　克 / 著

本书向你讲述一个士兵和共和国领袖的故事

一个士兵和他的祖国、人民乃至世界的故事

陕西出版传媒集团
陕西人民出版社

图书在版编目（CIP）数据

告诉你一个真实的雷锋 / 陶克著. —西安 ：陕西人民出版社，2013

ISBN 978-7-224-10546-9

Ⅰ. ①告… Ⅱ. ① 陶… Ⅲ. ①雷锋（1940～1962）—传记 Ⅳ. ①K825.2

中国版本图书馆CIP数据核字（2013）第022543号

告诉你一个真实的雷锋

作　　者　陶　克

出版发行　陕西新华出版传媒集团　陕西人民出版社

（西安北大街147号　邮编：710003）

联系电话　029-87205094（李景林、耿振）

网　　址　www.sxrmbook.com

印　　刷　西安新华印务有限公司

开　　本　787mm×1092mm　16开　18.75 印张

字　　数　211千字

版　　次　2013年1月第1版　2018年12月第12次印刷

书　　号　ISBN 978-7-224-10546-9

定　　价　35.00元

亲爱的朋友：

雷锋生于1940年12月18日。如果雷锋还活着，他已经是70多岁的老人了。在生命时空未曾经历的地方，我们很难想象雷锋作为一个70多岁的老人会是什么样子。但他在我们的精神世界中，始终是他生命定格之前的模样，年轻、阳光、亲和、坚强。

雷锋只在这个世界上生活了7912天，他离开这个世界却已经有19000多天了！他给我们留下了半个多世纪的思念，而这种思念还将长久地延续下去，以至无数个7912。

写在前面的话

有雷锋这个人吗？

有些人怀疑雷锋存在的真实性，不止一次向我提出：有没有雷锋这个人？这个疑问包括两个方面：第一，从“有”和“无”的角度，质疑雷锋存在的真实性。第二，从“虚”和“实”的角度，质疑雷锋事迹的真实性。

是因为他太过完美？是因为他做了常人所不能企及的事情？还是因为他一贯坚持专门利人、毫不利己的作风使人望而却步？

据湖南省雷锋精神研究会对500名中小学生做过的一次问卷调查，其中：

认为雷锋是影视明星的占17%；

认为雷锋是解放军战士的占58%；

认为雷锋是科技工作者的占5%；

认为雷锋是战斗英雄的占17%。

由此可见，确实有很多人不知道雷锋是什么人。

在国外，有个新闻机构不相信雷锋生前会拍那么多照片，认为雷锋是一个演员。一位法国客人曾说，他不相信雷锋是真的，不可能有这么一个真人，是共产党造出来的，但是他又承认雷锋的确值得学习。苏联有一位政治观察员写了一篇学雷锋的文章，但是他搞错了雷锋的身份，说雷锋是一位为保护国家财产而牺牲的政治指导员。在巴西的华人社区，有的人在家里把雷锋的画像和耶稣的画像并排挂在一起，说雷锋是上帝再世……

雷锋的事迹是真的吗？是不是为宣传而夸大的一个样板呢？

雷锋是真实的，宣讲雷锋也必须是真实的！这里，我重申50多年前中宣部宣布的一条纪律：宣传雷锋，谁造假开除谁的党籍。并告诉大家几件在宣传雷锋过程中发生的真实事情。

毛泽东主席“向雷锋同志学习”题词发表以后，解放军总政治部和沈阳军区政治部规定，为了不使雷锋事迹失真，凡是以前见过报的事迹，一律重新核实，与事实有出入的一律纠正。凡以后要见报的稿件，必须通过沈阳军区政治部和解放军总政治部审批发稿。

也就赶在这个时候，雷锋所在的工兵十团宣传股股长吴广信应《营口日报》之约，写了一篇综合稿，未经审阅发表了。沈阳军区政治部领导李伯秋将军知道后，要求给其处分，让其转业离队。吴广信就这样到了转业干部训练队。后来，军区工程兵参谋长了解到吴广信是一个战争年代入伍的老同志，政治上靠得住，工作也有能力，在《营口日报》发表的文章虽未经审阅批准，但内容上并没有失真的地方，而且本人检讨深刻，这位参谋长才把他从转业干部训练队又调回团里，经报上级批准继续留队工作，但是处分不免，以致以后宣传雷锋的活动再没让吴广信参加。

1963年2月，为了核准雷锋事迹，中宣部、总政治部、共青团中央、沈阳军区和雷锋生前所在部队，联合组织了三个调查组，一个到湖南长沙雷锋的故乡调查，一个到雷锋生前工作过的鞍钢化工总厂、鞍钢弓长岭焦化厂和雷锋的第二故乡抚顺市调查，一个到雷锋生前所在部队调查。

原雷锋所在团工兵三营营部书记夏孝栋当时分在部队组。他回忆说：原来在《雷锋送月饼》的故事中，有一段描写，“八月十五，一轮明月高挂中天，连队俱乐部里传出《良宵》一曲，雷锋手捧月饼，不由得两行热泪滚落下来”，在调查中发现，雷锋给抚顺市西部职工医院的伤病员送月饼确有此事，但俱乐部传出《良宵》一曲却是虚构的，调查组问遍全连每一个战士，不仅没有一个会演奏《良宵》，而且连这是个什么样的曲子也没有一个人知道。所以，在后来的报告和报道中，都删除了听《良宵》的情节。

曾任沈阳军区前进报社编委的董祖修当年参与了摘抄《雷锋日记》。他还清楚地记得当年和其他同志一起专程到北京，向总政宣传部宣传处处长钱抵千汇报工作时的情况。在宣传部办公室，他们正碰上钱抵千在审查《雷锋同志模范事迹展览》。钱抵千指着雷锋从储蓄所取款的一张照片，对他们说：“沈阳的同志也在这里，咱们一起看看，这张照片不好。你们想，雷锋向公社、灾区捐款，事先没同任何人说过，大家是从地方寄来的感谢信中才知道这件事的，摄影的同志怎么可能当时就把这件事拍下来呢？”钱抵千又说：“像这样的事，补拍就不如画一张画来表现好，不然，大家一看就会提出疑问：雷锋取款你怎么照下来了？反而影响宣传效果。”

真实是新闻的生命，同样也是典型的生命。唯有真实才有说服力，才能长久传承。

我们将回归历史的真实，还原给大家一个有血有肉的、真实可爱的雷锋。本书讲述的事情都有证人或史料，随着故事的展开，将一一和大家见面，述说共和国和人民军队怎样把一个普通的孩子培养成民族的楷模。

目录

01
第一张名片 苦难雷锋

02
第二张名片 快乐雷锋

03

第三张名片 爱美雷锋

04

第四张名片 先锋雷锋

05

第五张名片 哲学雷锋

06

第六张名片 永生雷锋

07

第七张名片 现象雷锋

08

第八张名片 世界雷锋

09

尾声 延续的雷锋名片

01

第一张名片 苦难雷锋

KUNANLEIFENG

人们是怎么认识雷锋的？

雷锋又是怎么走进部队这个大家庭的？

这不能不从雷锋的身世说起。

被刷下来的小个子

1959 年，一场自然灾害悄然降临中国。

从 1959 年开始一直到 1961 年，中国历史上出现了持续三年的自然大灾害。1959 年的旱灾是新中国成立十年来最严重的一次，受旱面积达 5 亿亩，其他灾害面积 1 亿亩。1960 年 1 月至 7 月，全国累计受灾面积达 6.7 亿亩，主要受旱地区是华北、西南、华南及西北地区。这一年的 7 月上半月，全国洪涝面积共 3900 万亩。1959 年，粮食减产 600 亿斤，1960 年又比 1959 年减少 517 亿斤。[1] 这对于一个人口众多的农业大国来说，所面临的困难是相当严重的。

一年前，人们还沉浸在"大跃进"的建设高潮中，许多人家砸了锅、熄了自家灶火，端着饭碗高高兴兴地去吃大食堂，"喝汤管够，吃饭管饱"，人们对这种新生活的新鲜劲还没有过去，就遇上了眼下这场天灾。从入夏开始，食油少了，肉也没了，渐渐地吃饭也不管饱了。人们一下子懵了。

十年前逃到台湾岛上的蒋介石看中了这个时机，认为反攻大陆的机会来了，蠢蠢欲动，隔着海峡都能听到对岸霍霍磨刀声。

双重困难向新生的共和国袭来，救灾与备战成为捍卫新中国最重要的任务。1959 年底，沈阳军区工兵十团接到了冬季补兵任务。团军务

[1]《中国共产党历史》第二卷，中共党史出版社2011年1月第1版，第561页。

参谋戴明章和新兵营营长荆悟先、教导员李恒基，从部队驻地营口来到了辽阳市。

辽阳兵役局和他们商议后，决定选一批思想觉悟高、纪律性强、作风过硬的好工人送到部队。于是，他们把眼光投向了鞍钢。

1959 年 12 月 3 日下午，鞍钢弓长岭焦化厂党总支召开全厂职工征兵大会，总支书记李钦荣做了动员报告，号召适龄青年积极报名应征。雷锋当时是焦化厂的推土机手，在焦化厂工作刚刚四个多月。他第一个登台表示坚决响应号召，要报名当兵。在雷锋的带动下，有 30 多名工人相继登台表明决心。

当天晚上 10 点多，雷锋敲响了车间办公室的门。他找到值班的李书记，再次表达他要当兵的决心。好工人谁不喜欢啊，李书记从心里不想放雷锋走，他先劝回雷锋，第二天，却给征兵办的人打了招呼，让他们留下雷锋。

李钦荣没有想到，他的这个惜才举动险些让雷锋当不上兵。

雷锋进到屋里就说：“李书记，我能入伍当兵吗？”我一看这小伙子连棉衣都没穿，不知是冻的还是激动，直打哆嗦。我说：“小雷你急什么，外面下这么大的雪你棉衣都不穿，不冷吗？”我把自己的棉袄披在他身上，接着问：“小雷，你想好了没有，当兵不但比你现在的工资低，还很艰苦呢，你受得了吗？”雷锋说：“书记，我受得了，我就要当兵，旧社会我什么苦没有吃过？新中国只有享不完的福，没有吃不完的苦，我不怕吃苦，我就要当兵！”我一看劝不住他，就说：“小雷，你赶紧回宿舍休息，我一定支持你的行动，想办法送你参军。”我话是这么说的，但思想上却非常矛盾，像雷锋这样的青年工人，到厂仅仅几个月却处处表现突出，作为厂里的书记，我怎么舍得放他走呢？可是我又不好阻拦他一心应征报国的行为，所以第二天暗地里同征兵办的同志们说了一下，让他们设法留下雷锋。

——李钦荣

雷锋回到宿舍后，连夜写出了一篇1100字的入伍申请书——《我决心应召》。第二天一早，他就向车间领导递交了申请书。后来，这份申请书登在了当年12月10日的《弓长岭报》上。那时，雷锋的工资已经是36块钱，再加上奖金，一个月可以拿到40多块钱。有些工人觉得，当兵一个月才拿六块钱，对参军不是太情愿，雷锋的举动对工厂的青年影响很大。

12月10日，焦化厂应征的18个青年工人排成一排，接受兵役局和接兵部队的目测。雷锋被刷下来了，原因是他个子矮。雷锋急了，接人的汽车开动了，雷锋就在后面跑着追……

雷锋就是这么个有决心的人，我们拦也拦不住。我对接兵部队的人说，就让他参加体检吧，体检不上他就“死心”了。可是接兵的同志还是不同意，汽车开了，雷锋跑呀跑，硬是从车尾上了汽车。

——金守成

到了辽阳征兵体检站，别人听说下午才体检，就都出去逛街了。雷锋没有去。他心里有事，眼里有活，收拾房子，打扫院子……还给等待体检的青年做动员，搞得不知道内情的人还以为他是体检站的人。

在体检过程中，应征青年在小学校的窗外、操场上三五成群地向体检完的人问东问西。尤其一大伙人围着一个不太高的小伙子，听他挥舞着小拳头大讲家庭如何贫困，怎样受日本帝国主义压迫，表示参军是为了保卫祖国，为阶级弟兄报仇……慷慨激昂……

——戴明章日记

佩戴一杠一星的少尉参谋戴明章被这个小个子的声音所吸引，刚靠拢上前，就听到有人小声说，接兵的首长过来了。雷锋立刻停住了话头，拨开人群走过来央求戴明章："首长，你一定要批准我当兵。"戴参谋说："当兵要先体检。"雷锋接着话茬就说："首长，那你批准了，我下午可就去体检了。"

体检开始了。检查身高时，雷锋把身子挺了又挺，还踮起脚尖，昂起头。医生伸手把雷锋头一按："站平了。" 一量身高 1.54 米，那一年招兵的身高最低线是 1.56 米，雷锋差两厘米。" 22 还蹿一蹿呢，我还不到 20 岁，个头还要长。"雷锋强辩道。接下来量体重，雷锋往秤上一站，使劲往下压。医生说："体重不到 55 公斤，只有 53 公斤，不够重啊！"雷锋说："我早上没有吃饭嘛。"一起来的人说："不对啊，你吃了两个火烧和一大碗酸菜的。"医生笑了："你就是再能吃，一顿也吃不了四斤呀。"

外科检查时，医生发现雷锋的背上有一大块疤。有人小声说，这孩

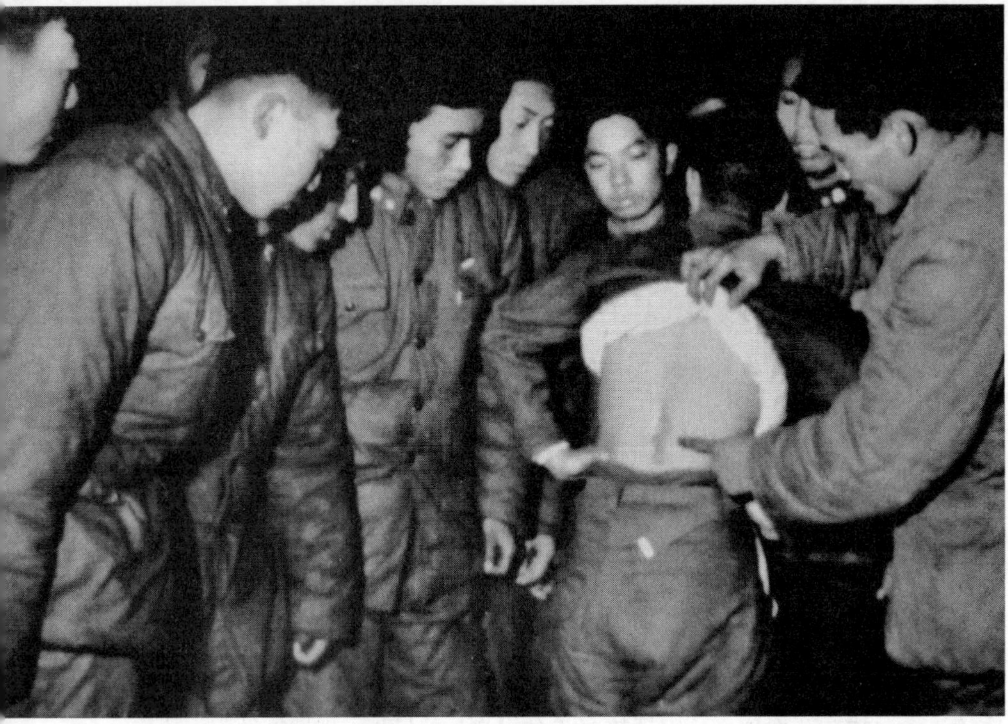

雷锋给战友们看背上的伤疤

子够淘的，是掏鸟窝摔的吧？雷锋一骨碌坐起来说：“不对，这是旧社会给我身上留的疤，我想当兵就是不想在身上再有受压迫的伤疤。”医生说：“小伙子，你的心情可以理解，不过你体检确实不合格呀。”

孤儿血泪

体检结束，一起来的工友们都走了，天渐渐黑下来，而雷锋还在院子里打转。这时，走过来一位高个子军官。雷锋跑过去就问：“你是这儿负什么责的首长？”也该是苍天不负有心人，这个军官就是兵役局的副政委余新元。

余新元问："你是哪儿的？""弓长岭的。我叫雷锋，要报名当兵。""报名在厂里就行了。""他们说我个子小。要不我留这里帮你们做事吧。"余新元告诉他："事情没那么简单。有什么事在厂里解决，别跑这里了，六十几里地呢。""我明天还要来！"雷锋坚定地说。

第二天，雷锋果真又来了。这次，他直接跑到余新元办公室，把小皮箱往桌上一放："你让我当兵，我要去！你不让我当兵，我也要去！"

余新元心里说，你这个小孩还要讹人呢！看着桌子上的小皮箱，余新元问："你这里面有什么金银财宝啊？你打开我看看。"雷锋把皮箱打开，最上面放着《毛泽东选集》一至三卷。余政委把书拿起来翻了一遍，发现这小孩了不得，他把《为人民服务》《纪念白求恩》《矛盾论》《实践论》等都看完了，很多地方还写着眉批。罕见，罕见！余新元心里有了惜才之心。

这位是余新元。他一生的骄傲，是为人民军队送去了两个好兵：雷锋和郭明义

快吃中午饭了，那时是供给制，兵役局又没有食堂，余新元对雷锋说："既然我上哪儿你上哪儿，那你就跟我回家吧。"

余新元的老伴姓田，她看到家里来了客人，特意包了菜包子。吃饭的时候，余新元问雷锋：“你来当兵，你家里人愿意吗？”雷锋一听这话，眼泪就流了出来，说：“我没有家，我是个孤儿。”

雷锋真是一个苦孩子。他小名叫庚伢子，家里原本有六口人。

庚伢子的爷爷叫雷新亭，靠佃种本村地主唐四滚子的两担田过日子，后来得了重病卧床不起。1943 年冬天，唐四滚子闯到雷家逼着雷新亭年前还清租债。雷新亭又气又急，在年关时含恨而死。这一年，庚伢子三岁。

庚伢子的父亲叫雷明亮，1926 年湖南农民运动时，担任过自卫队队长。大革命失败后，他逃到长沙，在一家商行里当挑夫。一次，给国民党的部队挑东西，遭到毒打，内伤致疾。他回到老家，继续给人抬轿子打零工，勉强维持一家人生活。1944 年，他被日军抓去当挑夫打成重伤，吐血不止，第二年春天去世。那一年，庚伢子五岁。

雷锋故居

庚伢子兄弟三人，哥哥叫雷振德，弟弟叫雷三民。父亲去世后，家里生活更苦了。12 岁的哥哥离开老家到几百里外的一家机械厂当童工，不久就得了肺结核。最后，他疲劳过度，昏倒在机器旁，胳膊和手指都被轧伤了，工厂主不仅不给他医治，还把他解雇了。雷振德只能沿路乞讨回家，最终还是因无钱医治而死。雷母眼睁睁地看着长子病死，哭得悲痛欲绝，只有五岁多的庚伢子缠着妈妈哭叫着："我要哥哥，我要哥哥！"

1947 年，三岁的弟弟雷三民饿死在妈妈的怀中。这一年，庚伢子七岁。

庚伢子的妈妈长得很漂亮，有一个很好听的名字，叫张元满，但是她的命运一点儿都不圆满。她一出生，就因为家里养不起，被送到外国人办的育婴堂；三岁那年，一位好心的用人把她抱回家；到了六岁，因为没钱养活，被送到雷家当童养媳。

这位是雷锋的婶母。她说："他爹妈死时，这孩子才几岁，张着两只小手号哭着，谁见了都心酸。那会儿我们生活都十分艰难，只好让这孩子去给地主放猪，要不是解放，这孩子怕也活不下来。"

雷母经受不住这连续的打击，精神恍惚。雷锋后来回忆说，他的母亲就像鲁迅笔下的祥林嫂一样郁郁寡欢，逢人就说："我的伢子呀，我的伢子呢？"

雷母只能靠给人做绣活维持她和庚伢子的生计。那年，村里地主家的女儿要出嫁，为了一斗粮食的工钱和免去一年的租子，雷母去地主家做了绣娘。但随之而来的侮辱，使雷母彻底绝望了。

我妈被逼得上天无路，入地无门，在1947年农历八月半那天晚上上吊自杀。临死的那晚，她泪汪汪地对我说："苦命的孩子，妈妈不能和你在一起了，靠天保佑，你要自长成人。"她脱下一件衣服披在我的身上，叫我到六叔祖母家去睡，我走后，她就上吊了。

——雷锋

七岁的庚伢子成了孤儿，亲戚收养了他。那个时候，穷人家都是吃了上顿没下顿，自己的孩子都养活不起，多一张嘴就更难养活了。懂事的庚伢子只好去地主家放猪。

天已经黑了，地主要我到六里外去打酒。到酒店，店主已经睡觉了，喊门叫不开，我就哭起来，他们才开门。我一天没吃饭，在回来的路上走不动了，跌了跤，把酒也洒了些。回来时地主还坐在床上等酒吃呢。一进门就说我回来得晚了，打了我几个耳光，又说酒不够，问哪里去了，我说洒了点儿，他怪我把钱买糖吃，一拳打在我的鼻子上，出血了，一脚又把我踢在地上。当晚不给我饭吃，我没有办法，就在屋后挖了两个地瓜吃，又被地主婆打了一顿耳光。一天，我用小罐子煮了点儿野菜，被地主家的一只猫挂倒了，狗又跑过来吃我的菜。我就打了狗，狗也咬了我，被地主婆看到了，她说我打狗欺主，要打死我，还骂道："这样的穷鬼打死十个少五双，死一个少一个！”

——雷锋

庚伢子被地主赶了出来，他只能靠沿街乞讨为生，白天出门要饭，晚上睡在破庙里。由于蚊虫叮咬，他身上起满了红疙瘩，化脓流血，最后得了背花疮，腰上鼓起了一个大包，一个同乡看到了，赶紧把他送回了他叔祖母家。经过一个多月的治疗，庚伢子身上的疮才慢慢地好起来，但这个大疤永远地留在了身上。

庚伢子为了减轻叔祖母的负担，经常上山砍柴。1949 年初夏的一天，他和几个小伙伴，到地主徐满料子的山上砍柴，被徐满料子的老婆抓到了。地主婆夺过砍刀，向雷锋左手砍去，顿时鲜血直流……

地下党员彭德茂把庚伢子找回家，告诉他：“伢子，我们穷人要想过好日子，就要跟着共产党闹革命。”庚伢子问：“共产党能给我家报仇吗？”“能！”彭德茂肯定地说。

“我一定要报仇！”年仅九岁的庚伢子，从自己悲惨的经历中，认清了谁是他的仇人，发出了反抗的呐喊。

1949 年 8 月，庚伢子家乡解放了。解放军的一个连队驻扎在他们村子的附近，庚伢子跑去要参加解放军。一个连长送给了庚伢子一支钢笔，对他说：“你还小，先加入儿童团，十年后再来找我们当兵吧。”后来，庚伢子当上了儿童团团长。

雷锋流着眼泪诉说了他的血泪家史，他攥着拳头，坚定地说：“余政委，我一定要当兵。”

雷锋是那个 8% 里的预备数

雷锋的悲惨身世打动了余新元，也勾起了他的心酸回忆。

在那个苦难的年代，余新元也有类似的经历。余新元老家在甘肃会宁，他原姓吕，有三个妹妹，因为家里穷养活不起，两个送了人，一个活活地饿死。他的母亲，为了不被土匪抓走，跳入井里自尽，捞上来后，两条腿骨插到了胸上，惨不忍睹。他 13 岁就给地主放羊，受尽了欺压。1936 年 10 月，中央红军和四方面军在他家乡会师。余新元亲眼看到这支队伍对穷人好，就带着给地主放养的 200 只羊参加了红军。

本书作者采访余新元

就这样，雷锋真的在余政委家住了下来。这一住啊，好事做得就别提了。每天早上，他把各办公室的炉子都生上，把水烧开了给大家灌上……那年，兵役局发的军装都是志愿军的旧军装，每100套给30套的预备数，雷锋就帮着管服装的干事改衣服。兵役局的干部们被感动了，都催余新元："政委，一定要把雷锋送出去。"

在向辽阳市委汇报征兵工作时，余新元专门向市委书记曹琦讲了雷锋的情况。曹书记听了后说："雷锋是一个好青年，政治条件好。个头矮一横指，他还能长嘛。什么叫合格？我理解，合格是包括身体合格、政治合格在内的全面合格。"

有了市委书记的支持，余新元又找接兵单位和体检站的负责同志商量。余新元说："我们的职责就是要把好青年送到部队上去，像雷锋这样的好工人，对党有感情，热爱解放军，当农民是个好农民，当工人是个好工人，将来要是到了部队也一定是个好兵。"

余新元还说："我是1936年入伍的红军，那个时候红军中小个子很多，就是中央军委来检查，我也是这个态度，出了问题撤我的职，与你们无关。"

部队接兵的负责人同意了市委和兵役局的意见。荆营长说："体重和个头就不说了，如果雷锋身体没有其他问题，就可以。"戴参谋也说："依我看，青年人正是长身体的时候，到部队后锻炼锻炼，很快就会发育成熟的。"

就这样，体检站在雷锋的体检结果栏上"甲""乙""丙""丁"这几个选项的"丁"上打了个钩，还写上了"水兵合格"四个字，把雷锋编到了预备队里面。

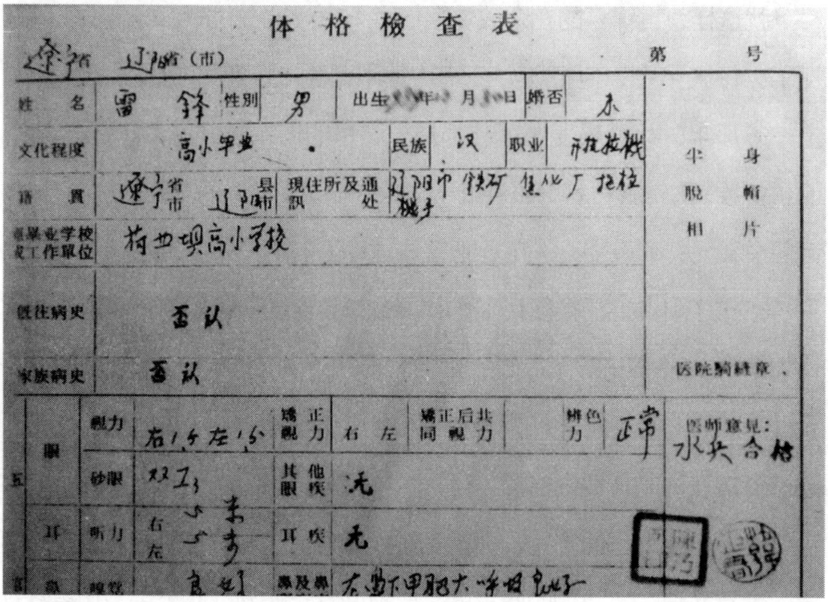

体格检查表

辽宁省 辽阳市（市） 第 号

姓名	雷锋	性别	男	出生 年 月 日		婚否	未
文化程度	高小毕业			民族	汉	职业	推土机
籍贯	辽宁省 辽阳市			现住所及通讯处	辽阳市铁矿焦化厂推土机手		
毕业学校或工作单位	荷叶坝高小学校						
既往病史	否认						
家族病史	否认						

半身脱帽相片

医院骑缝章

眼	视力	右1.5 左1.5	矫正视力	右 左	矫正后共同视力	辨色力	正常
	砂眼		其他眼疾	无			
耳	听力	右 5米 左 5米	耳疾	无			

医师意见：水兵合格

雷锋入伍体检表

由于当时农村生活还比较困难，不少青年的身体底子差，所以征兵时，为了保证兵员质量，初选时，每一百个新兵里多征八个人为预备数，叫作预备队。一旦正式兵员里出现了复查不合格的情况，就由预备兵员顶上，从而保证完成征兵任务。雷锋就是8%里的预备数。

——余新元

团长授权

1960年1月2日，体检合格的新兵，集中在辽阳的一个叫南林子的工农干校，进行复查换装。

这一换装，雷锋的心里更不踏实了。一起来的新兵大部分都换发了新军装，只有个别人因为身体条件刚合格，或政审方面还缺少必要的手续，没有发军装。雷锋就是其中的一个。

一天下午快要开晚饭的时候，雷锋拉着余政委进了戴明章的屋子里。余新元对戴明章说：“戴参谋，这孩子老是跟着我，非要闹着当兵不可，你看怎么办？要不你先收下，接兵站也实在是需要帮手，先当个便衣通信员吧。到时候你能带走就带走，带不走我再做工作。”

戴明章一时无语……还是雷锋机灵，先开口了：“戴参谋，已经开晚饭了，去吃饭吧，我给您拿碗。”去食堂的路上，雷锋央求着说：“戴参谋，余政委叫我给你们当便衣通信员，若是你让我换上军装，我不就是部队的正式通信员了吗？我当过通信员，在家乡的县委当过通信员呢……”

雷锋紧跟着兵役局的余政委，一步也不离开。采取抓住不放的对策，致使老领导无可奈何地给他选定了一个合适的用场。

——戴明章

接兵干部住在临时用教室改的宿舍里，用学生的书桌拼凑起来当床，戴参谋安排雷锋在自己床边又加拼了一张床。当天晚上 11 点多，戴参谋和几个干部开完会回到屋里，看到每个人的临时睡铺前都摆着一盆冒着热气的水，大家说：“这个小鬼还行呀，是一个勤快的通信员。”

第二天一早，大家一起床，就看见每个人的脸盆里都盛着温水，盆边搭着毛巾，杯子里倒满了漱口水，上面放着挤好牙膏的牙刷，雷锋正在屋外打扫卫生。就这样，在新兵集训的六七天里，雷锋包揽了新兵营里里外外的卫生，整天忙里忙外，一会儿也不闲着。

一天晚上，兵役局给新战士放电影《三个母亲》，雷锋和几个接兵干部坐在一起，当看到电影里的苦孩子的不幸遭遇时，雷锋泪流满面、泣不成声，引得几个也是苦出身的干部一阵阵心酸。第二天，新兵营李教导员给荆营长说："我理解雷锋坚决要求参军的决心，这孩子当兵一定是个好兵，不带走实在是有点儿可惜。"

勤快、固执的雷锋终于打动了几个接兵干部的心。可这边刚摆平，那边又出了岔子。

弓长岭焦化厂不为雷锋出具政审表，说他进厂时没有原始档案。这下问题严重了，谁敢接收一名未经严格政审的新兵？在那个档案决定人命运的年代，没有档案几乎是寸步难行，更别说当兵这么重大的事了。

眼看新兵就要开拔，带不带雷锋走？此时，戴参谋反倒冷静下来了，他不相信一个在县委工作过的公务员，一个鞍钢的先进工人会没有档案！但是，要带走雷锋有很大的风险。新兵到部队后，要对身体和政治情况进行复查，不合格的必须退回地方，但这样造成缺编的人数不再给予补充。这就等于退兵的部队没有保质保量地完成征兵任务。如果雷锋被退，负责征兵的戴参谋是要承担重大责任的。而且，团长走时反复交代，工程兵是体力活，要挑身体好、个头大的。衡量再三，戴参谋决定直接向团长吴海山请示。

1960 年 1 月 7 日晚，戴参谋通过军用长途电话，向团长吴海山报告了雷锋的情况，并请示是否带回雷锋。吴团长果断地回答说："一切由你军务参谋看着办好了。"当天晚上，戴参谋向荆营长和李教导员通报了和团长的通话情况，他们终于决定带雷锋到部队去。

此时的雷锋，急得在院子里转来转去，明天新兵就要走了，他还没有穿上新军装。他不知道这天晚上有多少带兵的干部为了能带走他，比他还着急。

离新兵出发还有八小时，雷锋穿上了新军装

到了深夜，雷锋终于领到了崭新的军装，而这距离新兵出发只有八小时了。

1960 年 1 月 8 日中午，辽阳火车站万人送新兵。余新元的老伴特意按照当地的习俗给雷锋煮了 20 个鸡蛋，她摸着雷锋的头说："到了部队要好好学习，要依靠首长和战友，好好锻炼，做一个好战士。你体质不好，要注意休息……"就这样，雷锋带着大家的关爱和期望，走上了从军的道路。

雷锋临走时对我说："余叔叔，我要走了，我也没什么送你的，我就叫你一声'爸爸'吧。"我说："别，这样不好……"1962 年 8 月 15 日，雷锋因公牺牲了。我是三天后才从报纸上看到的，我回家告诉老伴：坏了，咱们的孩子走了。我们老两口抱头痛哭……

——余新元

工兵十团在操场上召开了欢迎新战士大会。会上，团长吴海山和老战士代表都讲了话，雷锋作为新兵代表也上台去表决心。那天风大，拿着稿子没法读，雷锋干脆就把稿子往裤兜里一塞，说："只要我们学好毛主席著作，听党的话，听从首长的教导，团结一致，什么四好

五好，就是七好八好，我们都能做到。”大家一听都笑了。初入部队的雷锋，不懂得部队创建“四好连队”、争当“五好战士”的概念，误认为多几好更好。雷锋说：“你们笑什么？我说的都是实话。反正，我们就是一个心眼，为了保卫祖国，一定要当个像样的兵，决不辜负首长和大家的期望！”

台下，团政委韩万金对吴团长说：“好兵！这个新兵讲得真好，将来肯定有发展。得注意分到哪个连队，培养培养。”吴团长赞同说：“就是，现在拉出一个营长来，不给他写稿子，也不一定能讲这么好！”就这样，雷锋到部队的第一天，就被列为培养对象。

戴明章见到团长后，第一句话就是：“团长，我在接兵上犯了一个错误。”团长一听愣了：“什么事？”“我接了一个没有政审表的兵，叫雷锋。”团长打断了戴明章的话：“不就是你电话向我报告的那件事吗？不要紧，我知道了，我负责。”1990年，从解放军工程兵工程学院离休、居住在南京的吴海山，在家里接待了老部下戴明章。他们又一次回忆起雷锋。戴明章说：“如果那次在电话上您这位首长不同意的话，我这个军务参谋也不敢带他，那雷锋可就当不上兵了。”吴海山哈哈大笑：“这是天意啰，我是雷锋所在团的团长。”

当天晚上，荆营长查铺发现雷锋病了，就脱下自己的大衣给雷锋盖上，还叫来卫生员给他看病。深夜一两点钟，营长又把自己的被子拿来悄悄盖到雷锋的身上。新家的温暖让雷锋流泪了。事后，雷锋写了《温暖如家》寄回鞍钢，并发表在1960年2月5日的《辽阳日报》上。在文章的结尾，他写道：“我深深体会到，只有党才永远这样关怀和爱抚我们青年一代。”

我，一个在旧社会受苦受罪的穷苦孤儿，现在成为一个国防军战士，得到党和首长的信任，受到战友们的热爱，我真不知说什么好！……

在这个革命的大家庭里，首长胜过父母，战友亲过兄弟。这一切只有在党的领导下的人民军队里才能得到……

——《雷锋日记》1960年1月8日

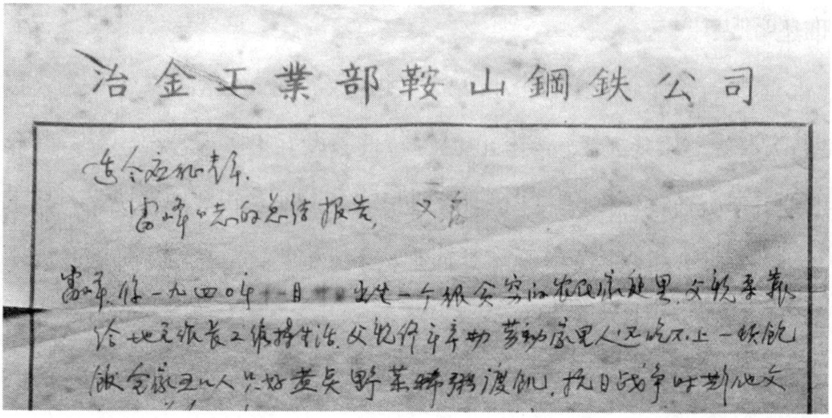
冶金工業部鞍山鋼鐵公司

雷锋同志的总结报告

鞍钢给雷锋的政审报告

这里需要补充说明的是，戴明章在新兵集训期间又专程到鞍钢去了一趟，弓长岭焦化厂的李书记把雷锋的档案交给了部队。原来，不是雷锋没有档案，而是李书记实在不愿意放雷锋走……

新兵集训结束，在新兵分配上又发生了一个插曲，这可是一个连雷锋本人都不知道的秘密。

戴明章是一个认真负责的参谋，他按这次新兵的政治素质、身体条件、文化程度和技术专长等等，制定了一个详细的分配原则。其中第一条就是，照顾新兵本人原有的技术专长。

按这个原则，雷锋应该分到技术营的技术一连。这个连使用的技术装备就是推土机、刮运机、挖壕犁……可在分配名单上，雷锋却被分到了运输连。

看到名单，新兵营的荆营长不干了。荆营长是技术营的参谋长，他可不想错过雷锋这个好兵。他找到戴参谋质问："作为一个司令部的参谋人员，连自己定的事都不执行，今后代替首长向部队下达命令谁还听呢！"

原来，戴参谋心里有个小九九。团里仅有的一台指挥车——苏式嘎斯67吉普车年久失修，司机也已经超期服役五年多了，作为军务参谋的他，早就在物色接班人了。现在他盯上了聪明、机灵、勤快又有技术基础的雷锋，所以挨骂、赔不是他都认了，但雷锋的分配不能改！

运输连来接兵的是副连长虞仁昌。当他对着花名册点兵时，看到有一个新兵个子特别矮，就嘀咕说："那个小个子兵能开车吗？"一旁的戴参谋说："这个兵分到你们连，就偷着乐吧。别看他个子小，思想可是高啊。你们保准满意。"这一来，原本该补充到三班的雷锋，也在连长的"特意关照"下被调到了已经满员的"四好班"四班。

一个在旧社会被抛弃的孤儿到新社会成了抢手的"香饽饽"，这是雷锋的幸运，也是偶然中的必然。这幸运，是指他比他的家人幸运，支撑到了新中国，告别了苦难，走上了幸福之路。这必然，是指从雷锋当兵的经过，可以看到他日后成为英雄、成为榜样的必然。

热点互动

今天还有必要"忆苦思甜"吗?

到了1961年的时候，入伍仅一年的雷锋，已经为军内外2.2万人做了忆苦思甜报告。有人说，那个时候国家困难，提倡节俭。今天，我们已经是世界第二大经济体了，再老生常谈地回忆过去有必要吗?

我们解读雷锋，要从他的苦难经历开始。这是因为，他童年的悲惨经历是他以后对党、对毛主席的感恩之心的起源。而雷锋的这种经历，又是那个时代的大多数人所共有的。

追根寻源，那代人受苦受难的原因是没有赖以生存的土地，是没有话语权。

我们来看中国的"福"字，左边是"衣"，右边的上面是"一"，代表的是房子，中间是"口"，代表的是有饭吃，下面是"田"，就是土地。有了田，就有衣穿、有房住、有饭吃，就能生存，就能繁衍。这就是普通老百姓对幸福的理解，而这幸福，则依赖于土地。

毛主席说："有了土地改革这个胜利，才有了打倒蒋介石的胜利。"1947年7月，中国共产党在全国土地会议上颁布了《中国土地法大纲》。会上，刘少奇指出："解决力量对比关系，就是实行土地改革。蒋介石靠美国，我们是靠老百姓。但靠老百姓要有两个条件：第一个就是反对地主，平分土地；第二个就是民主，不准许站在人民头上屙屎撒尿。这两个条件我们可以做到，做不到就不像个共产党的样子。"

美国人评论说：共产党新发布的《中国土地法大纲》，在中国内战期间的作用，恰如1861年至1865年美国南北战争期间林肯的《黑奴解放宣言》。

平津战役时，华北剿“匪”总司令傅作义在一次军官会议上讲：人家共产党公布了土地法大纲之后，就不应再打仗了。这些年来我们给地主当了看家护院的打手，能分他们土地吗？傅作义又说：共产党把土地夺过来分给穷人，老百姓能不跟着共产党走吗？

了解了这段历史，也就理解了雷锋及其那一代人对中国共产党为他们带来新生活而发自内心的感恩之情。

忘记过去就意味着背叛。那代人、那段历史，是一个民族的经历，是一个全新国家的基石。记住过去，才能珍惜今天，建设明天。

02

第二张名片 快乐雷锋

KUAILELEIFENG

旧社会的苦难，

没有压倒雷锋。

他和许许多多的受压迫的人在抗争中迎来了解放。

在新中国，

我们看到的雷锋照片都是面带微笑的。

这是快乐的微笑，

这是感恩的微笑，

这是为自己获得新生活而发自内心的幸福微笑。

庚伢子进学堂

雷锋（那时叫雷正兴）住在望城县黄花塘附近的简家冲，他上学的时候已经十岁了，比别的学生年龄都要大。

1950年初秋的一个早晨，正在张罗着学生报到的望城县龙迴塘小学教师李扬益，听到了一个沙哑的招呼声："李老师，辛苦了。报名的学生还真不少啊。"李扬益抬头一望，原来是彭德茂乡长领着一个孩子。彭乡长说："这是雷庚伢子，孤儿。乡里决定免费送他读书。"

这个人是彭德茂，是雷锋走上革命道路的第一位启蒙老师。他说："解放以后，人民政府抚育了雷锋。土改后，农会评他为五保户，并供他上学。这孩子知道党和毛主席救了他，因此从小就知道听党的话，爱劳动，知勤俭。"

彭乡长抚摸着雷锋的头说："庚伢子，过去穷人家的孩子要进学堂是不可能的，你家几辈子都没有识字的，现在你要好好读书，学好本领，为建设我们的国家出力。"说完，彭乡长又用期待的眼神看着李扬益："李老师，庚伢子就交给你了。"

学校正式上课那天，雷锋第一个来到学校。他在办公室找到李老师。

"老师，我想请你教我写'毛主席万岁'。"

李扬益用毛笔在一张纸上端端正正地写了“毛主席万岁”，接着就把这五个字的书写方法一一告诉雷锋。雷锋跟着老师一句一句地念着笔画的名称：“一撇、一横、一横、一竖弯钩……”

1950年，美国发动侵朝战争，战火燃烧到鸭绿江边。全国各界都在开展抗美援朝捐献活动。李扬益告诉同学们：“党号召我们，抗美援朝，有钱的出钱，有力的出力，我们要行动起来。”雷锋第一个站起来说：“我只有两角钱，是叔叔给我的压岁钱。我现在拿出来支援朝鲜，打倒美帝。”钱虽然只有两角，但对于这个父母双亡的苦孩子，两角钱是他全部的财产。

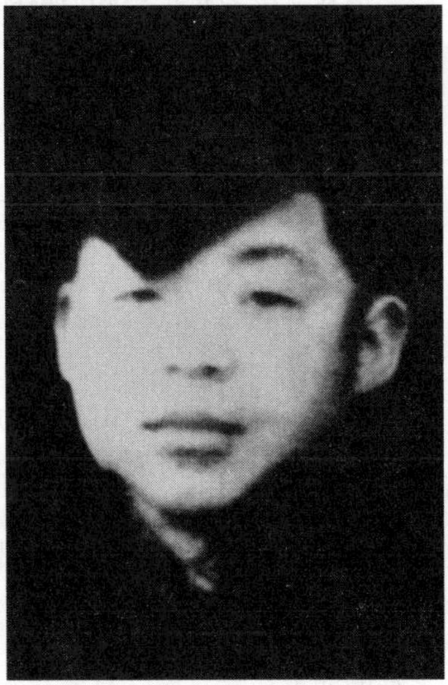

新中国成立后，雷锋在党和政府的关怀下幸福成长

一个星期天，烈日炎炎，雷锋头戴草帽，大汗淋淋地来到学校。他向李扬益老师提出了一个问题：“老师，我今天没事。可我小，怎么才能为人民服务呢？”李扬益回答道：“为人民服务，就是为人民做好事。只要是为人民做好事，不管年龄大小都是为人民服务。”这时，恰好窗外传来了拉车的声音，雷锋“哦”了一声，站起来说：“老师，我知道了。”就往外面跑去。

龙迴塘小学地处黄花塘岭下，旁边就是黄花塘粮仓。李扬益追出去一看，雷锋正在帮助一位送爱国粮的农民推运粮车。就这样，一辆又一辆，直到天黑，雷锋才离开。

1953 年 2 月，龙迴塘小学被拆除，彭德茂乡长领着雷锋到向家冲小学办理转学手续。后来成为雷锋班主任的谭礼老师看见雷锋穿着一双用稻草编制的凉窝子，头上戴着一顶旧棉帽，衣服很旧，脸上挂着微笑，眼睛闪亮。这第一面就使谭礼喜欢上了这个学生。

谭礼从彭乡长那里知道雷锋是个孤儿，条件很不好，就买了一些学习用具送给他。雷锋个子矮，谭礼安排他坐在教室的最前排。

谭礼老师回忆说：雷锋上课非常用心，最爱听黄继光、邱少云、刘胡兰这些英雄的故事，在他扑闪着的大眼睛内，总是流露着对英雄的敬佩之情。雷锋在作文里写道："我要向英雄们学习，长大了全心全意为人民服务。"

学校成立腰鼓队，雷锋因为个子小，影响队伍整齐，没有选上。雷锋再三向谭礼要求："老师，打腰鼓不是只打一天两天，我慢慢地会长高的。"谭礼问他："你能背出打腰鼓的点子吗？"雷锋马上背出来："咚波、咚波、咚咚波咚波……"看着雷锋天真可爱的神情，谭礼同意了他的要求。在一次动员参军的活动中，学校的腰鼓队有了用武之地。谭礼带着腰鼓队队员举着红旗，到村里宣传。

谭礼老师在回忆雷锋的文章中写道："我们这个腰鼓队，在动员参军活动中，真是起到了作用。上级领导非常满意，在做总结的时候我对雷锋提出了表扬。雷锋站起来说：'我们穷人家的孩子，搭帮[1]党和毛主席才成了新中国的小主人，我只不过做了应该做的事，我长大了也一定去参军。'"

[1]搭帮：湖南话，多亏的意思。

那个时候的小学，一至四年级为初小，五至六年级为高小，高小又称作完小。那时，农村文盲很多，一般的孩子上完初小，就回乡参加劳动了。只有家庭条件允许、学习成绩优异的孩子才能升入高小学习。

1954年，望城县第二完小五年级新生发榜了。雷锋兴奋地奔到学校，挤入看榜的人群，在红榜上搜寻自己的名字。一个小伙伴嚷道："雷正兴，你上榜了。"消息传到简家冲，乡亲们纷纷祝贺他"中举"了。

雷锋学校

雷锋考上了高小，也遇到了难处。学校离简家冲有十多里路。彭乡长问他："路这么远，你能不能跑得动？"雷锋说："今天我能进高小读书，多么幸福，我要为毛主席争光，为雷家争口气，克服一切困难，认真读书。"

进了高小的雷锋真的为雷家争了这口气。长大了的雷锋开始学会独立学习，自觉地去帮助别人，为他以后成长铺下了知识、处世做人的基石。

学校门前有一座约四米长、一尺宽的石头桥，每逢刮风下雨，桥下的水流湍急。为了低年级小同学的安全，老师们就轮流到桥边接送。雷锋看在眼里，记在心里，遇到下雨刮风的天气，他就早早到小桥边上等着，帮老师把小同学一个一个地接过桥。

当时，学校与乡政府同在一个院子里。雷锋入校之前担任过儿童团的工作，对当地干部和群众的家庭住址比较熟悉。乡政府通知开会，凡是离雷锋家近的黄花塘片的通知，都交给雷锋放学后去送发。雷锋从不嫌累，都是乐呵呵地去完成，彭乡长说他是乡政府的“义务通信员”。

雷锋关心同学、助人为乐，被评为“毛泽东时代的好少年”，第一批加入了少先队，还被选为大队队委、大队旗手。

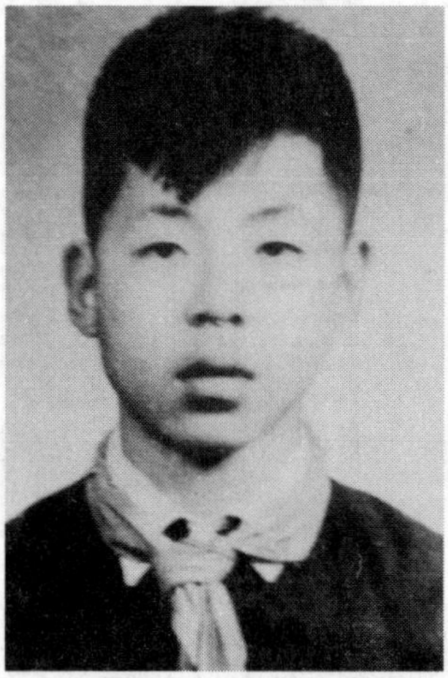

1954年，雷锋加入了少年先锋队

1954 年的六一儿童节，荷叶坝完全小学筹办了大规模的庆祝大会。荷叶坝中心小学辅导区 10 所小学 1500 多名少年儿童，汇集在荷叶坝。雷锋代表全体同学在大会上讲话，他说：“我只是千万个穷孩子中的一个，今天和师生们在一起庆祝六一儿童节，这是多么的幸福呀。这幸福是因为有了毛主席，有了共产党，领导中国人民解放军，推翻了压在中国人民头上的三座大山，解放了全中国。这是千千万万的革命先辈，抛头颅洒热血换来的幸福生活。我们一定要学好科学文化知识，锻炼好身体，使自己成为建设新中国的有用人才。”

这天，县委书记张兴玉和安庆乡乡长彭德茂都坐在主席台上。雷锋讲完话，张书记从座位上站起来，摸着他的脑袋，表扬他讲得很好，鼓励他努力学习。这是雷锋留给张书记的第一个印象。也许就是雷锋这个上进、可爱的模样，使他在以后的日子里走到了张兴玉身边。

这时，雷锋的叔祖母已经去世了，两个堂叔家里生活也很困难，只能让雷锋轮换着寄宿。懂事的雷锋放学回家后，总是先做完家务，再做作业。堂叔家里有时晚上舍不得点煤油灯，雷锋就在心里默记。他总结了“一问、二抓、三补”的学习方法。一问，就是上课没有听懂的问题，下课马上问老师，问懂为止；二抓，就是上午的作业中午就做完，下午的作业晚上做完；三补，就是上午耽误的下午补，下午耽误的晚上补，晚上耽误的第二天早上补。雷锋克服了很多困难，学习成绩一直很好，成绩平均90分以上。

荷叶坝完全小学（现雷锋学校）还保留着雷锋的座位

县委张书记给学校赠送了300本图书，雷锋主动请缨担任了图书管理员。除了开馆借阅、修补整理图书这些日常工作外，雷锋还主动向同学们推荐图书，把自己从书中看到的故事讲给同学们听，吸引大家来看书，小小图书室办得红红火火。这份额外的工作，给爱读书的雷锋提供了一个新的天地，雷锋在这个第二课堂里汲取知识的营养，快速成长，为他以后的学习、工作，还有写作，打下了文化基础。

1956年3月，学校开展向七一党的生日献厚礼活动，其中有一个项目是研制矿石收音机。在那个收音机还是奢侈品的年代，在偏远的乡村小学，这绝对是一项高科技。雷锋参加了攻关组。在关键时候，雷锋起了大作用。首先是经费，雷锋组织同学们募捐，他带头捐了钱；再就是技术，他和小组同学一起步行60多里路，到长沙找来图纸和零件。

教导主任钟霞生和学生

在老师的指导下，大家绕线圈、焊零件、装天线、接地线……可到了调试的时候，无论怎么调，收音机都没有一点儿声音。这时，雷锋想起了他看过的一份参考资料，是讲矿石收音机两个圆筒线圈的最佳相对位置的。雷锋按资料上说的方法调整线圈、调矿石接触点，终于，收音机响了，雷锋笑了，攻关组的同学都跳了起来！七一那天，山沟里的人第一次听到了北京的声音。

一花独放不是春，百花齐放春满园。16岁的雷锋已经懂得了这个道理，并开始付之于实践。

三年级的少先队员张义华先是上学路上砸坏了老乡家的秧苗，后来又和小同学抢皮球，踩坏了杨家田里的很多秧苗。中队辅导员夏柳老师查清事情后，召开少先队大队会，停止了张义华的队籍，收回了红领巾。

雷锋是少先队大队委员，自己的同学被停止队籍，他心里也不好受。

他带着张义华，把杨家田里歪斜的秧苗一蔸一蔸地扶正，缺了苗的又去熟识的农民伯伯那里要来补齐。他又带着张义华到杨家做检讨。后来，杨家伯伯找到教导主任钟霞生说："你们学校对学生要求真严格。雷正兴带着张义华把踩坏的禾苗都补好了，还到我家里做了检讨。小孩子做了错事能够改正就是进步，你们学校要表扬他们。"

星期天，雷锋又约张义华帮助缺劳力的乡邻锄草……

在雷锋的帮助下，张义华有了明显的进步。夏老师再一次主持队委会，让雷锋介绍张义华同学的表现情况。然后，夏老师亲手给张义华系上了红领巾："你归队了！"

16 岁的"自我设计"

要毕业了，聪明好学的雷锋当然渴望能继续读书，他参加了初中升学考试，各科成绩都在 90 分以上。谁都认为他会继续读书，乡里也在研究怎么继续供他上中学。但在小学毕业典礼上，雷锋却在台上讲了一番出人意料的话。

亲爱的老师们、同学们：

我们小学毕业了。基本教育受完了，大家很高兴。感谢党、毛主席和老师。

我们今天毕业真高兴，大家比我高兴。很多同学准备升入中学学习，能升入高一级学校能学更多的知识，更好地建设祖国。

我呢，我响应党的号召，决定留在农村广阔天地里，去当新式农民。我决心做个好农民，驾起拖拉机耕耘祖国大地；将来，如果祖国需要，我就去做个好工人建设祖国；将来，如果祖国需要，我就去参军做个好战士，拿起枪用生命和鲜血保卫祖国，做人类英雄。

同学们，让我们在不同的岗位上竞赛吧！老师们，请你们看我们行动吧，我一定要做个英雄！

祝老师们健康，祝同学们进步！

——雷锋在荷叶坝完全小学毕业典礼上的发言

雷锋的话让人感动，也更让人为他惋惜。夏柳老师看到，雷锋上台发言时含着热泪，从台上走下来时已是泪流满面。表现出众的庚伢子为什么不继续上学呢？

雷锋的本家、湖南雷锋纪念馆原馆长雷孟宣揭开了这个谜底。雷孟宣说："雷锋放弃上初中主要有两个方面的原因：一个是，上世纪五六十年代农村开展了扫盲活动，雷锋觉得是党救了他，乡亲们养育了他，农民不识字需要他。彭乡长多次说过，整个安庆乡就一个能读报纸的，也多次流露出想要雷锋教他们识字的愿望。第二，雷锋的吃住以及学费都是乡里免费提供的，乡里的负担也很重。雷锋体贴乡政府的难处，是他主动找到彭乡长，要求放弃上初中的。当时，彭乡长说：'庚伢子，别着急，乡里正在想办法给你搞学费呢。'雷锋决心已下，谁也挡不住。当时他还讲了一句话，意思是我不能这么自私，光想着自己，我要靠自

这位老人叫雷孟宣。他说："雷锋把学校当成自己的家，把同学看成是自己的弟弟、妹妹。雷锋活泼、机灵、好动，爱出风头，唱歌、演戏都有他的份儿，同学们都叫他'浮头鱼'（湖南话：就是爱出风头的意思）。雷锋还扮演过三次女孩子。"

己的劳动，养活自己，报答党和乡亲们。"

新中国成立后，经济和教育事业得到较快发展，全国高小和初中毕业生数量逐步增多，以1954年为例，高小毕业生400余万人，初中毕业生60余万人，比1953年增加三分之一，但当时由于教育资源有限，这些学生不可能完全升入上一级学校。1954年4月，团中央根据党中央的要求，发出了《关于组织不能升学的高小和初中生参加劳动的指示》。从1953年到1955年的三年时间中，共青团协助党和政府安置了800余万高小生和初中生参加劳动，使国家的劳动大军获得了一大批有觉悟有知识的生力军。

望城县荷叶坝完全小学教师易华钦，在1993年7月写过一篇文章，说影响雷锋做出这个决定的还有一个人，这个人就是以后被雷锋叫作“健姐”的冯健。在当时，她可是雷锋心里的偶像。

1956年的上半年，《新湖南报》刊登了一位女青年的事迹。望城县西塘农业社冯健，高小毕业后回乡参加农业生产，办起了养猪场，被评为“省养猪模范”。易老师在高小毕业班宣读了向冯健同志学习的文章以后，同学们议论纷纷。有的说：“能够考上中学多学点儿文化知识，更能提高为人民服务的本领。”有的说：“放弃了升学机会，是埋没了人才。”还有的说：“我家祖孙三代没进过校门，再困难我也想升学。”

易华钦说：“当时的雷锋和其他同学一样，也是有过一番思想斗争的，但最终雷锋选择了放弃升学，留在农村参加建设。雷锋在少先队办的黑板报上写了一篇文章，我记得内容有三个方面：‘一是，我的生命是党救活的，我穿衣、吃饭、成长、学文化都是党和人民供给的，我已经16岁了，应该自力更生了，我不能要党和人民再供我升学了。二是，建设新农村，急需一批有文化的人才，我可以适应目前农村的需要，我一定要像冯健姐姐一样，当一个有出息的新式农民。三是，我在农村边劳动边学习，让我们在不同的学校来一个学习竞赛吧。’”

雷锋离开学校时，依依不舍，但他的脸上挂着微笑，在他人生的道路上，他第一次自信地做出了选择。

雷锋回到了安庆乡，彭德茂乡长非常高兴，让他担任乡政府通信员，还兼任简家冲生产队的记工员[1]。雷锋还担任了夜校教师，利用业余时

[1]记工员：当时的生产队对每人每天的劳动量，用分数记录，叫工分，10分为满分。为此，设专人记录每人每天的工分。

间教乡亲们认字。

县委组织干事带回来了个小个子

1956 年 8 月，望城县县委组织部干部黄菊芳，到乡下为县委物色一名交通员。

黄菊芳一连跑了三四个乡都没有中意的，她抱着一线希望到了安庆乡政府。

乡长彭德茂下村去了。乡政府办公室的堂屋里，坐着几名男女青年在造秋征花名册。黄菊芳坐在堂屋里，一边等着彭乡长，一边和他们搭起话来。聊天中，一个个子最矮的小伙子，表现得格外引人注意。

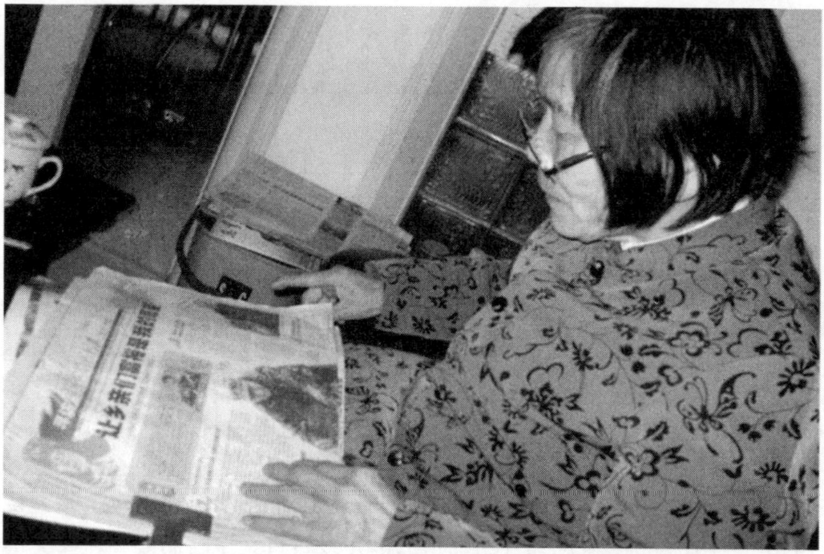

她是黄菊芳。在安庆乡政府驻地，她第一次见到雷锋。“他个子最小，圆圆的脸上时刻是一副笑容可掬的样子，举止中现出几分机灵，言谈里不时带有一点儿幽默。这不正是合适的人选吗？”

乡长彭德茂回来了。黄菊芳向彭乡长说明来意，同时问了刚才那个小伙子的情况。彭乡长沉思了一会儿，然后叹了一口气，动情地说：“这伢子命真苦呀！你想把他选到县里去，好啊！第一，你是看准了，他确实是个好苗子，靠得住又勤奋；第二，你做了件好事，他家里只剩他一个人，生活也不方便。”

彭乡长找来雷锋，介绍说：“伢子，这位黄同志是县委组织部的，她很关心你，同情你。”雷锋恳切地对黄菊芳说：“请你一定要帮助我，给我介绍一个工作。我要报答毛主席和共产党的恩情。”

雷锋送给黄菊芳一本用红纸折的小册子，封面上用毛笔写着“苦难的家史 我的理想”。

黄菊芳看完雷锋那本小册子，当晚久久不能入眠，心中既喜悦又有些不安。喜的是为县委发现这么个好苗子，不安的是他个子矮小，不知道组织上会不会录用他。

回到县委机关，黄菊芳专门向县委书记张兴玉汇报雷锋的情况，同时提出了自己的看法和建议。张书记说：“小雷个子矮小，当交通员可能不合适，交通班的工作艰巨，他能吃得消吗？”黄菊芳想到张书记的公务员刚刚参军了，就灵机一动，建议道：“可不可以调整一下，把小雷放到你的身边当公务员？”张书记点点头说：“那就试试看吧。”

几天后，彭德茂把雷锋送到望城县县委。见到张兴玉书记，雷锋显得很拘谨，连说话都结结巴巴的。张书记拍拍他的脑袋说：“小同志，咱们认识啊，你不就是在六一儿童节上讲话的那个小同学吗？”张书记又说：“别紧张，我们都是同志，你当公务员是为人民服务，我这个书记也是人民的勤务员，我们只是分工不同。共产党不论职务高低，一律平等。你愿意不愿意当这个公务员呀？”“愿意！我从心里愿意。”雷锋高兴地回答道。

就这样，雷锋到了县委机关工作。当时，县委机关条件并不好，办公、住宿用房都很拥挤，吃饭还要搭带红薯、豆饼之类的杂粮，但大家生活得十分愉快。为了办好机关食堂，改善生活，大家利用业余时间开垦荒地，种菜养猪。雷锋很活泼，经常是一边挖土，一边唱歌，大家都很喜欢这个新来的年轻人。

那时，整个县委机关里只有雷锋一名公务员。虽然分工是跟着张书记，但所有领导的开水供应、卫生打扫，以及会议室的管理，都由雷锋负责。

机关打开水都是在食堂里打，吃饭的时候，水往往还没有烧开，大

这是张兴玉，原望城县县委书记。他回忆初见雷锋的印象说：“一个十五六岁的少年，个头不高，穿着蓝衣青裤，有几个补丁，但洗得干干净净。手里拎着一个包袱。他见到我有点儿紧张，怯怯地叫了声‘张书记’，那窘相活像一个很少出门的农家闺女。”

家只好提着空暖瓶回去，经常搞得没水喝。雷锋发现了这个问题，他和食堂的莫大爹商量，搞了个小哨子，水烧开了就吹一声，叫大家来打水。后来，小哨子吹了，可来打开水的人并不多。原来，许多干部都忙得顾不上打水。雷锋就挨个办公室帮着大家打开水。

一天，县委办公室主任皮问安关切地问雷锋："你累不累，身体能不能吃得消？"皮主任还提醒他："你在做好本职工作的同时，一定要挤出时间学习，但要注意劳逸结合。"

雷锋激动地站起来回答："主任，我懂了。你交代的任务我坚决完成好。"

"你还有什么困难没有？"皮主任问。

雷锋说："我不累，也没有困难。"停了一会儿，他又说："我能为大家做点儿什么，心里才感到舒服，我多做点儿事是应该的，什么困难都不怕。"

那次短短的谈话，给我留下了深刻的印象，雷锋那质朴而又富有深情的话，感动了我，至今还常在我耳边回响。

——皮问安

这就是刚刚迈入县委的雷锋。一个在旧社会被逼得家破人亡的孤儿，在新中国从上学到参加工作，处处得到大家的关怀和照顾。无论是乡长、校长、主任、书记，还是老师和邻里乡亲，在他心里种下的都是温暖的种子。"播什么种子发什么芽"，雷锋要把自己的快乐带给别人，把这温暖洒向世界。

冯健姐姐

在县委书记张兴玉的家里，雷锋第一次见到了冯健，一个衣着朴素、梳着两条大辫子的姐姐。冯健高小毕业回乡参加农业生产，带头进行科学养猪，18 岁加入共产党，被评为“全国青年社会主义建设积极分子”，上北京见过毛主席。张书记如数家珍般地向雷锋介绍了冯健的情况。张书记看着雷锋说：“你才到县里工作，只要好好干，也会赶上冯健姐姐的。”

张书记拿出了《刘胡兰》和《把一切献给党》两本书。“这两本书

毛主席接见“全国青年社会主义建设积极分子”。二排左二为冯健，后排右三为李瑞环，右二为廖初江

我送给你们。刘胡兰面对敌人铡刀宁死不屈，牺牲的时候才16岁。毛主席给她题词‘生的伟大，死的光荣’。吴运铎是八路军的军工战士，在战争年代，为前线造弹药受伤致残，失去了四根手指和一只左眼。但他身残志不残，还在病床上写下了《把一切献给党》。你们要好好学习他们的革命精神，有志不在年高，英雄路在脚下。”

临别时，冯健对雷锋说：“我比你大几岁，今后我们就像姐姐和弟弟一样，你有什么需要我帮忙的事情，就找我。”雷锋听了，含着眼泪叫了一声“健姐”。

张书记为了推动县里的养猪事业，自己带头养了两头猪。他常带人到冯健的青年养猪试验场参加劳动，总结经验。这样，雷锋见到冯健的机会还真不少。他每次见到冯健都要问她见到毛主席的情景。“健姐，你是最幸福的人，毛主席身体好吗？毛主席接见你的地方是什么样子？毛主席和你握手了吗？对你讲了些什么话？你见毛主席时的心情怎么样？”甚至连毛主席穿什么样的衣服、鞋子，走路、说话的姿势都要问到。有一次，雷锋悄悄地告诉冯健，他在梦里见到了毛主席。冯健鼓励他：“你一定能见到毛主席！”

冯 健

后来，冯健听说雷锋带头响应县委号召，捐钱买拖拉机。当时，青年人一般都是捐几角到几元钱，而雷锋却捐了20元，是全县青年人捐款最多的。那时，雷锋每个月的工资还不到20元，除了伙食费、日常开销外，他攒不了多

纪 念

雷正兴同志，为建立望城青少年拖拉机站积极地开展了增产节约，勤俭办一切事业，热情的捐献人民币贰拾〇元〇角〇分正，特发予此证，以资纪念。

共青团望城县委会

公元一九五八年 月 日

少钱。冯健问雷锋怎么捐献这么多，而雷锋却觉得自己捐少了，他说：“我平时节余的不多，工作一年多才节余这几个钱，如果节余的多一点，我会多捐一点。”

1958年10月，冯健被保送到湖南农学院读书。雷锋听到这个消息，又高兴又羡慕，对冯健说：“我真想跟你一起去农学院读书。”

冯健要去上学了，雷锋来她家送行，他对冯健讲了许多祝贺和鼓励的话，并一再希望今后可以继续得到冯健的帮助，互相要多联系。没想到这次见面竟成了永别。1961年四五月间，冯健在一本杂志上，看到了雷锋的先进事迹介绍，写了一封信向他祝贺，没过多久，雷锋就给她回了信，还寄了一张擦洗汽车的照片。在照片的背面，雷锋题写了：“冯健姐姐，我永远向你学习，为共产主义奋斗终生。”

补习文化

雷锋只有高小文化程度，但看过雷锋诗歌、小说和日记的人，都会被字里行间所流露出来的真情实感所打动。军旅作家周大新曾感慨：“我们差点儿就成了同行。”

不仅是写作，雷锋在工厂和部队都曾担任过文化教员。那么，雷锋的文化程度实际是什么水平呢？他是否继续学习过呢？

确实，1956—1957年这段时间，雷锋在望城县机关干部业余文化补习学校学习过。1956年秋，雷锋到县委工作后，向补习学校提出了插班上学的申请。当时校方考虑到这期班已经开课一阵了，劝他下期再入学。雷锋却执意要插班。他找到补习学校的专职教员彭固善，恳求说：“彭老师，我现在太需要提高文化水平了！前面教过的内容，麻烦您课外帮我补一补，好吗？我一定加油赶上去。”说到做到，雷锋在老师的帮助下，只用了个把月时间就把前面的功课补上了，并且补齐了过去的作业。

雷锋深知这学习的机会来之不易。他随县委领导下乡前，会先到老师那里“领课”，问清楚出差期间的课程，请老师指出学习的重点、难点。下乡期间，他有空就自学；出差回来，他又“纠缠”老师帮他补课，检查他的自学成绩。

功夫不负有心人，雷锋用了一年的时间，学完了全部课程，各科成绩都很好，特别是语文一科达到了优秀。

雷锋学习语文很认真，课余总是坚持记日记，文字水平提高很快。有一次，他把《党是我的亲爹娘》一文送给彭固善老师修改，文章感情真挚，至今彭老师还记忆犹新。他写的《我的童年》，曾在班上做范文宣读过，有的同志听后流下了眼泪。雷锋最喜爱魏巍的《谁是最可爱的人》，不但能全文背出，还和班上的同志们一道讨论“排比”、“设问”等修辞手法在这篇文章中的作用。

雷锋同志学习数学也爱动脑筋，每次数学考试成绩都在85分以上，有次数学测试，他得了92分，还不满足，并对我说：“彭老师，您对我多辅导一下，争取100分。”后来，有几次数学考试，雷锋都得了100分。

——彭固善

雷锋在日常工作和生活中也不放过一切学习的机会。

雷锋到望城县县委的第三天，认识了中学毕业的县委财贸部干事周绍铭。雷锋拉着周干事的手，恳切地说：“您是我的哥哥，见识比我多，我初到机关什么都不懂，您不仅要在文化上帮助我，还要在政治上帮助我。”在周绍铭的帮助下，雷锋开始练毛笔字，后来又在周的指导下，开始读报纸，记日记。

记得有一次，我们下乡到了大湖乡西塘猪场，晚上睡在门板搭起的铺上，我告诉小雷：“你还可以到办公室去看《人民日报》、《湖南日报》、《建设报》、《望城报》。我是搞财经的，除了这些报纸，还要看《大公报》，每天还不间断地写日记。”他听了对写日记很感兴趣，便问我天天写日记该记些什么。于是，我把写日记的体会告诉了他。从此以后，我发现他书不离手，写字不间断，进步很快。

——周绍铭

离别家乡

雷锋在当拖拉机手之前，是在治沩指挥部当通信员。他不是在县委当公务员吗？怎么又到了治沩指挥部呢？原县委副书记、治沩工程总指挥赵阳城介绍了当年的情况。

沩水河流经湘潭地区，经常泛滥成灾。1957 年，湘潭地区研究决定，降伏恶龙，彻底根治沩水河。望城县成立了指挥部，县委张书记任政委。县委副书记赵阳城任工程总指挥，在一线现场指挥。

指挥部设在乌山公社杲山大队杲山庙。这是个百年老庙，房高屋大，昏暗潮湿，砖墙破旧不堪。用土砖架起几块木板，铺上一层稻草，就算是床了。工地上的生活条件更差，用树枝和芦苇搭建的工棚四面透风，棚内铺上一层芦苇就算是床了，吃饭是米饭加萝卜、辣椒、酸菜汤，餐餐如此。

到工地的名单上，本来没有雷锋，但他一连几次递交申请书，坚决要求参加这场改造大自然的战斗。张书记同意了他的要求。当时赵阳城正在“打摆子”[1]，张书记对赵阳城说：“老赵呀，你身体也不好，就让雷锋跟着你到指挥部当个通信员吧。”

雷锋获得“治沩模范”的奖品

在工地当通信员是个苦差事。工地上的所有文件、报纸都要靠通信员送。当时，正值冬春季节，雨雪天多，天寒地冻。指挥部下设有 11 个大队，近 2 万人，沿着沩河摆了个长蛇阵，南北端与

[1]打摆子：即疟疾，急性传染病，病原体是疟原虫，由蚊子传播，周期性发作。症状是发冷发热，热后大量出汗，头痛，口渴，全身无力。

指挥部各相距11公里。“摇把子”电话经常打不通，全靠通信员两条腿跑。每次下达任务，雷锋总是愉快地接受，不管白天还是黑天，下雨还是下雪，他都能圆满完成任务。

汾河改造，根治水害，得到了大多数老百姓的拥护，但也有些人不理解。有一天，指挥部前来了一伙人，吵吵嚷嚷，要见赵阳城。赵阳城当时生病正在床上躺着，听到声音后就披衣出来了。

“你姓什么？”

“我姓赵。”

“不对，你姓秦，你叫秦始皇。你就是秦始皇筑长城，劳民伤财。”

雷锋听到后气得满脸发紫，从里屋一下子冲了出来，他指着指挥部前面的一座桥说：“封建社会十个婆婆子都能联合起来修这座桥，为乡

雷锋和治汾指挥部领导合影

里造福，今天共产党领导我们大搞社会主义建设，造福人民，造福子孙后代，难道我们还不如那十个婆婆子？难道我们害怕吃这几天苦！”

来起哄的人，有的被这伢子的真情所感动，有的被他讲的道理所折服，有的迫于雷锋的一身正气，三三两两地散去了。

通过这件事，赵阳城感到要加强工地的宣传工作，组织大家开展回忆对比和劳动竞赛。雷锋积极响应，把《工地报》刊登的一首诗歌《儿要治沩娘也忙》，套着湖南的小曲唱了起来。这曲调有点儿像湖南花鼓戏《刘海砍樵》，几个搞后勤的女孩子，拜雷锋为师学会了这首歌，这样一传十，十传百，工地上到处都能听到这首优美动听的山歌：

月儿弯弯照屋檐，娘在房中把线穿，

油灯一盏燃过了，笼内金鸡开了腔。

儿要治沩娘也忙，老娘做鞋眼发花，

几次起身拨灯花，鞋底纳的胡椒眼，

面上镶的滚洞边，儿哎，娘为你治沩不贪眠。

经过一个冬春的奋战，治沩工程顺利竣工，雷锋被评为“治沩模范”。

治沩工程结束后，县委决定在围垦出来的团山湖办一个农场，让荒芜的湖沼地变成粮仓。上级非常支持这个行动，还给县里分配了一台东方红牌拖拉机，雷锋成为全县的第一个拖拉机手。

1958年的金秋，县委书记张兴玉调到岳阳工作，赵阳城接任县委书记。县领导特意将雷锋从团山湖农场叫回来合影留念。这是雷锋在家乡的土地上留下的最后一张照片。

这一年，新中国的工业建设蓬勃发展，湘潭钢铁公司、武汉钢铁公司、鞍山钢铁公司都来望城招收工人。南方人不习惯北方寒冷的生活，

欢送张兴玉书记合影。是雷锋（二排左二）最钟爱的照片之一

许多青年人都报名去了湘钢、武钢，而雷锋选择了鞍钢。

赵阳城问雷锋："我是太行山人，我们那儿冬天撒泡尿还结成冰疙瘩，东北可就更冷了，你能受得了吗？那里可不像咱湖南有的是大米吃，他们吃的是玉米面窝窝头，你能吃得惯吗？"

"他们能吃我也能吃，我不怕。我能吃苦。旧社会什么苦没吃过，现在这些苦对我来说就不算是苦。"雷锋回答道。

雷锋又提出："书记，我要改个名字。雷正兴这个名字，没劲！"

赵书记说："怎么没劲呀？雷正兴，正正派派，兴兴旺旺。"

雷锋还是说："没劲。"

雷锋为什么觉得雷正兴这个名字没劲，当时雷锋并没有给赵书记直说，他只是说："我想改叫雷峰。山峰的峰，登高望远，有劲！"

赵书记说："你是到钢铁厂，钢、铁、铜、银都要有金，你这个'峰'字，右边不变，左边换个金字旁就准确了。"

在去报名的路上，雷锋对一同去的县电影放映员张建文（原名张希文）说："希文，雷正兴这个名字是幼时叔公给起的，有家道兴旺的意思。旧社会我连家都没有，还说什么兴旺呀。我不喜欢它，一直想改个名字。现在不如趁报名当工人的机会改过来。"

"你想改什么名字？"张建文问他。雷锋说："最近，常在乌山、金山等地走，觉得山能登高望远，不会迷失方向，想改名叫雷峰，就是山峰的峰。"张建文说："改得好，我也改个名吧。你也给我起个。"雷锋说："你叫张希文，就是希望有文化的意思，可是，在旧社会，你也只读了三个月的书，还不是希望落空。我看，你就叫建文吧，建设社会主义，建设新文化。"

就这样，张希文在招工表上填下"张建文"，雷正兴填了"雷峰"的名字。

张建文说："这件事，知情的人并不多，只有我以及那些与他互相题词留念的人才知道。后来，听说雷锋把改名字的事情给县委书记说了，以后山峰的'峰'，又变成了金字旁的'锋'。我跟他到鞍钢去报到，他就填写的是金字旁的'锋'。"

张建文的回忆，对赵阳城书记所讲的雷锋改名的故事是一个补充。雷锋说雷正兴这个名字"没劲"，赵阳城当时还不太明白他的心思，认为"正兴"的"正"字是正正派派，"兴"字是兴兴旺旺，多好呀。现在看来，雷锋是从他雷正兴的名字当中想到了旧社会的苦难，改名字寄托着他对新中国建设的美好理想。

1958 年 11 月底，雷锋要到鞍钢报到了。

赵书记送他来到望城码头。拉着雷锋的手，赵书记说："我身体不好，谢谢你经常照顾我。"

"赵书记，谢什么，这是我的职责。"

"你要离开生你、养你的望城，到遥远的鞍钢去了，希望你听组织的话，当一个好工人。"

"书记，我不会给望城人民，也不会给县委，不会给你丢脸，我去

这位是赵阳城（左）。他说："我年长雷锋13岁，虽然是他的领导，但我们像亲兄弟一样。我身体不太好，雷锋经常照顾我。"

为人民打冲锋，冲向全中国，冲向全世界。”

雷锋上船了，汽轮缓慢地离开码头，驶向湘江。

赵书记一直站在码头上，向雷锋挥动着双手，他的眼睛有些湿润，他心里是多么舍不得雷锋离开啊。

码头慢慢地在雷锋的视野里消失了，他还在向赵书记挥手。这是雷锋向家乡告别，也是他最后一次回望家乡。

{ **热点互动**

雷锋怎么会有那么多钱帮助别人？

雷锋艰苦朴素，捐款捐物，今天给工友10元，明天给战友20元，还给灾区捐款100元……随着数字的曝光，有人问了：“雷锋一个月津贴就几元钱，他不吃不喝，一辈子也攒不下那么多钱呀？”

我们算了一笔账，雷锋1956年在望城县县委当公务员期间每月工资能拿到23元；1958年到了团山湖农场，当拖拉机手时每月32元；到鞍钢后，工资到了36元；反而是到了部队最多时是每月8元的津贴。我们粗略地统计了一下，雷锋的全部收入大概是1400多元钱。

雷锋是孤儿，一人吃饱，全家不饿。他平时又十分节俭，不吸烟、不喝酒，不讲吃、不讲穿，唯一的爱好就是读书和照相。可想而知，雷锋平时的开销并不大，所以他有能力从经济上去帮助别人。

雷锋帮助了多少人，我们不得而知。我们看到的是他主动地、偷偷地去帮助别人，真正做到了“做自己的好事，让别人猜去吧”。

03

第三张名片 爱美雷锋

AIMEILEIFENG

再回首，

雷锋增加了新的标签：“时尚雷锋，爱美雷锋。”

透过两个世纪观察雷锋的不同视角，

我们还原了一个真实的雷锋。

在20世纪，雷锋留给人们的印象是勤俭节约、艰苦奋斗。在运动会上他舍不得花钱买汽水喝，牙刷用得刷毛掉得稀稀拉拉的也不舍得换新的，一双袜子缝缝补补穿了三年，他的节约箱闻名军内外。

21世纪，再回过头去看雷锋，人们惊奇地发现，雷锋还有青春、时尚的一面。

他曾那么爱照相。在那个年代，照相还是一种奢侈的消费，他却留给了我们300多张照片。他有英纳格手表，有皮夹克，有料子裤和皮鞋，这些东西在那个年代每一件都可以被称为今天所说的奢侈品，相当于爱马仕、LV，是当年年轻人梦寐以求、追赶潮流的标志。

雷锋也有属于私人的情感。他的活力与进步，使得他身上散发着耀眼的青春光芒，吸引着那些也渴望进步的女青年们的目光，他们在接触中，产生过真情相助的动人故事，也迸发过爱情的火花。

雷锋也重情重义，渴望得到亲情。他认过义父、义母，有过义弟。

其实，现实生活中的雷锋一直都是真实的，有血有肉、有情有义的，还是让我们从故事讲起吧。

爱照相的伢子

雷锋爱美的形象，首次是出现在一个小学的合影照里。雷锋是一名孤儿，在人们的印象中，缺少关爱的孤儿，往往是一种邋遢的模样。但是从雷锋留下的这张照片，我们看到的是一个干净整洁的少年。这是他作为校腰鼓队的一员，参加演出后的合影。他留着刘海儿，系着红领巾，旁边放着一个大鼓。

1954 年 8 月，清水塘小学建立少年先锋队，表现突出的雷锋成为学校里第一批少先队员。从那以后，雷锋穿着乡政府发给他的白衬衫，佩戴着红领巾去上学。

1955年六一儿童节，雷锋（前排左一）参加少先队队日活动，任大鼓手。这是师生们在长沙烈士公园的合影

1955 年，雷锋转到荷叶坝小学读书，当时这所学校还没有建立少先队组织，雷锋成了这里唯一的少先队员。学校开始建少先队时，他主动协助辅导员，组织读书小组，开展文体活动，成为

学校的骨干。

1956 年夏天，16 岁的雷锋小学毕业。他与毕业班的同学和老师合影留念，照片中端坐在第一排的雷锋身着白衬衣，挺直腰板坐着，微笑着面对镜头。

学生时代的雷锋，留下的照片并不多，但从这仅有的几张照片，

这是雷锋（前排右五）在荷叶坝完全小学的毕业合影

可以看到年少的雷锋身上，没有那种孤儿身上常见的孤僻、自卑和冷漠，他开朗、爱美、热情，脸上洋溢的是幸福感。

1956 年 11 月，雷锋在望城县县委当公务员。一天午后，县委班

子集体合影，好奇的雷锋在一旁看热闹。张兴玉书记看到了，一招手，“快过来，算你一个。”大家都知道，雷锋平时舍不得吃，舍不得穿，省得很，但就是爱美，爱照相，也舍得在照相上花钱。

雷锋不好意思地捋了捋头上的刘海儿说：“你们都是常委，我是什么‘委’呀。”

这是雷锋和望城县县委领导的合影。前排右一为雷锋，右二为张兴玉

“不管什么‘委’，你过来就行了。”张书记催着雷锋。

雷锋跑过去，但不知道站在哪里合适。张书记一把将雷锋拉到自己身边：“就站这儿吧。”

于是，雷锋就有了这张特殊的合影照。照片上的雷锋，身子斜靠在张书记左侧，他白衬衣的领子翻在外面，脸上洋溢着幸福。这是那个时代干群关系的生动写照。

1957年2月8日，到县委工作了仅四个月的雷锋，加入了中国新民主主义青年团，这一年他17岁。参加完入团仪式后，兴高采烈的雷锋跑到照相馆里拍下了一张照片。照片上，雷锋头戴八角帽，身穿高领毛衣，胸前佩戴着中共望城县县委的徽章。

公务员雷锋

雷锋在望城县县委当公务员只有一年多时间，但他工作勤奋努力，三次被评为先进生产者。这时照片上的雷锋，白色的短袖上衣扎在裤腰里，下身着一条白裤子，双手抱在胸前。这个装束在当时是相当时髦的。

1958年，18岁的雷锋远离家乡到辽宁鞍钢当工人。辽宁是新中国的工业基地，为共和国贡献过众多的第一：第一吨钢，第一桶油，第一架战斗机，第一台机床……能到鞍钢去参加祖国建设，雷锋心里无比喜悦。从家乡长沙坐车到了武昌后，他和工友们利用换乘等车的时间，来到武汉长江大桥。雷锋站在江边仰望大桥，眼里闪着激动的光亮。

“原来全是钢铁呀。”雷锋感慨地说道。

和雷锋一起去鞍钢当工人的易秀珍，没听清雷锋说什么，问：“你说什么？”

雷锋指着大桥说：“那下层铁路桥是什么造的？钢铁！那上层公路桥是什么造的？钢铁！全是钢铁，这需要多少钢铁呀。”

“不知这些钢铁是不是鞍钢炼出来的？”

“中国江河多得是，今后还要建多少这样的大桥，该需要多少这样的钢铁呀。”雷锋感慨道。

站在大桥前，雷锋手提当时流行的花编篮，微笑着留下一张照片。后来，在“文化大革命”那个“左”的年代，有人觉得雷锋手提花编篮有小资产阶级情调，同他艰苦奋斗的形象不符，就把花编篮从他手里夺走了。现在发表的这幅照片又恢复了原版模样。

到了北京，要在这里转乘去鞍钢的火车。雷锋对工友们说：“我们到天安门去留个影吧。”离开家乡时，

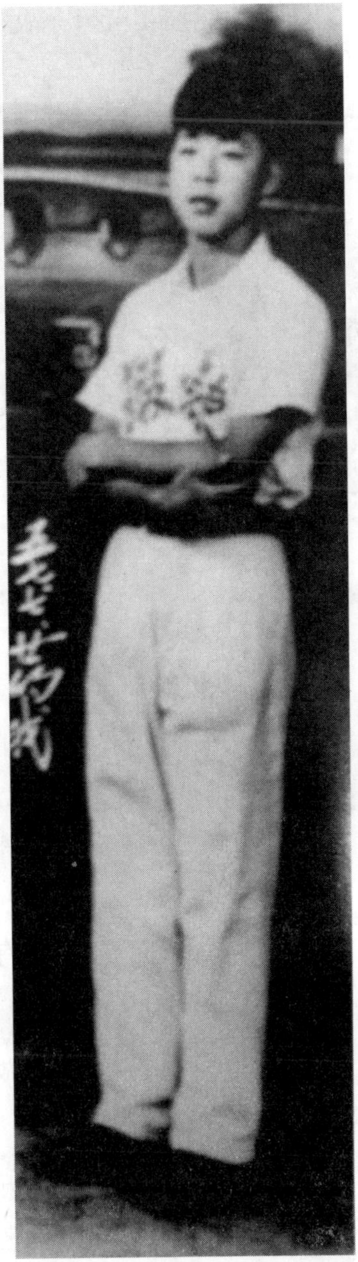

雷锋在望城县县委工作时的留影

雷锋专程去过韶山毛泽东故居。他和毛主席同属于湘潭人，俩人的家乡相距不远。他从小就听毛主席关心穷人的故事，又亲身经历了新旧社会两重天，对毛主席有说不完的感激和崇敬。

这是雷锋离家北上途经武汉时，在武汉长江大桥的留影

天安门金水桥前，雷锋仰望着毛主席像，伫立了很长时间。执勤的战士走过来告诉雷锋，金水桥上不准久待，雷锋不情愿地转过身，问那位战士："毛主席在哪儿？"战士回答："我在这儿执勤这么长时间了，也没有见过毛主席。"雷锋继续问他："毛主席是不是住在天安门城楼上？"战士说："毛主席住在中南海，天天日理万机。要见毛主席，得做出大成绩，当英雄、当模范。"执勤战士的这些话深深触动了雷锋。

雷锋走下金水桥，站在天安门城楼前，先照了一张提着花编篮的照片。后来看到一个青年骑着摩托车在照相，他也走过去，骑上去留了个影。

“扮酷”的学徒工

1958年11月，鞍钢化工总厂给洗煤车间推土机手李长义分配了一个学徒工，他就是来鞍钢当工人的雷锋。

一上班，李长义远远地看见推土机上有个人，大喝了一声：“这是谁家的孩子？不去上学，跑这儿来淘气。”

“我是新来的学徒工，叫雷锋。我不是来淘气的。你就是李师傅吧？”

李长义一看，这个学徒工矮个子，娃娃脸，留着刘海儿。“这就是我的徒弟和助手吗？”李长义说，“跟我学徒，我得把丑话说到前头。这台C-80推土机是苏式重型机械，驾驶起来震动大，劳动强度大，技术复杂。冬天顶风冒雪在这露天煤场作业，是又脏、又冷、又累，手脚冻得猫咬

天安门广场留影

天安门广场留影

似的，你这南方小鬼受得了吗？”

“放心吧，师傅，什么苦我都吃过。”

就这样，李长义收下了雷锋做徒弟，签订了为期一年的师徒包教保学合同。雷锋从那天起，每天都是早来晚走，只用了一个多月时间，就能独立驾车作业了。大家都说：“这个南方小鬼还真行。”

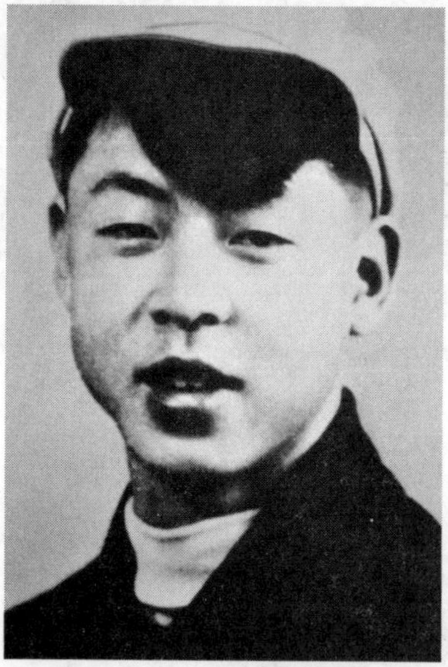

1958年11月，雷锋被分配到鞍钢化工总厂洗煤车间，当了一名推土机手

雷锋过去在老家开拖拉机，每月拿32元钱，而在这里当学徒每月只有20元钱，整整少了12元钱。李长义问他：“你这个小鬼，不觉得吃亏吗？”雷锋笑着说：“吃亏？不，我不是为钱来的。”

东北的冬天风大雪大，能见度低，推土机在门型吊车下推煤时，雷锋总是跳下车来指挥，避免吊车运行不慎碰在推土机上。李长义坐在驾驶室还冻得浑身发抖，而雷锋在露天指挥，布棉帽子的两只帽耳紧紧系在下颌下面，嘴里呼出的热气，在帽耳周围结成一圈白霜，漫天飞舞的煤粉和雪花混合起来飘落在他身上脸上，整得他活像个黑脸小包公。李长义心疼地叫雷锋进屋去烤烤火，可是雷锋却很少进屋，他说：“师傅，你去吧。我到车上坐坐就行了。”李长义心里明白，雷锋是担心推土机停车以后，万一水箱或发动机冻了就麻烦了。李长义被雷锋深深地感动了，他对车间主任说：“我开了半辈子推土机，前后带过不少徒弟，就数雷锋年纪小，可也数他学得快，学得好。”

一天中班，翻车机连着卸下几车皮煤，煤场上堆起了几座大煤山。李长义和雷锋驾车爬上一座煤山斜坡，要把坡上的煤推下来。谁知爬坡不过几米，发动机突然熄火，十多吨重的推土机斜躺在煤坡上，怎么也

1959年1月18日，鞍钢化工总厂洗煤车间门型吊车组师徒留影。前排左一为李长义，后排左一为雷锋

开不动，只好用吊车把推土机从坡上拖了下来。推土机一下坡放平，再踩油门，发动机又响了起来。雷锋问：“师傅，这是什么原因呢？”李长义告诉他：“C-80 快老掉牙了，早就有这个毛病，爬 40 多度坡容易熄火。可今天爬的坡不过 30 多度，也趴了窝，今后爬坡推煤可就难

了。”“推土机不能爬坡，这不是影响工作吗？”雷锋着急了。

雷锋研究了一夜，第二天上班，他拿着 C-80 推土机的说明书，对李长义说：“师傅，我找到原因了。推土机在坡度较大的地方作业，由于发动机超负荷运转，造成汽缸里进的油和空气比例失调，空气进得多，油进得少，发动机肯定要憋火的。”

雷锋驾驶过的C-80型推土机

“没错，就是这么一回事，你小子比师傅强。”李长义一拍大腿高兴地说。

当即，他们改进了操作方法，推土机爬坡作业果然不熄火了。他们师徒俩人，一鼓作气推平了半座煤山，把昨天爬坡熄火耽误的活儿全给补上了。在生产评比会上，雷锋受到了表扬。

1958 年 11 月那张戴着工帽的照片，就是雷锋受到表扬后的留影。帽子下依然是那一绺刘海儿，还有特意露出的高领衫。

“文学青年”

1959 年初，雷锋在鞍钢当工人时，曾给工友们当过语文老师。这时照片上的雷锋，头戴帽子，围着一条格子围巾，身穿工作服，手拿讲稿，胸前佩戴着徽章，上衣口袋里还别着钢笔，十足的文学青年打扮。这模样用现在的话说：“这哥们儿够范儿。”

在乡里时，雷锋就教老乡们认字。当时夜校没有固定教材，叔叔、婶婶们年纪大了，记不住那些复杂的字。雷锋左思右想，想出了一个好主意，将农村常用字、俗语编成顺口溜，如“钟二叔打车子，一车二百斤”啦，“李一婶插田，三天两亩”啦，“白菜萝卜，扁豆黄瓜”啦。这些家常话，读着上口，认起来也有兴趣。雷锋还运用流动教学法，例如，教写“猪”字，用纸写个“猪”字贴在猪身上，“猪”

1959年初，雷锋被评为优秀业余教师

满街跑，乡亲们就认识了。

为了提高自己的文化水平，雷锋在望城县县委当公务员期间，报名参加了机关干部初中夜校补习班，达到了初中文化程度。

在雷锋的遗物中有一篇手稿《茵茵》，上面注明为“小说”。这篇小说创作于 1958 年，那时他还在望城县治沩工地。小说的主人公是一个 19 岁的女青年突击队长，“聪明又勇敢，什么困难都不怕，什么活儿都能干。”在小说中，他这样描述这个女孩子：

茵茵就是这样的。提起这位年轻的女同志，人们都要感动地流下眼泪。她是一个共产党员。她那结实的身体，勤劳的双手，还有那晒黑的脸儿，清秀的头发，活泼的眼睛，真使人敬慕。她穿着一件黄棉衣，脚上是草鞋。据说，黄棉衣是她哥哥从部队复员后送给她的，草鞋是她自己打的，打得很漂亮。

在治沩工地，雷锋除了编山歌教大家唱外，还写过《小说短章》，描述工地的景象。

在团山湖农场，他写了散文《我学会开拖拉机了》，发表于 1958 年 3 月 16 日的《望城报》上，这是他发表的第一篇文章。他还写了一篇自传体小说《一个孤儿》。

在治沩工地，在团山湖农场，在鞍钢，在部队，雷锋写下了许多诗歌。其中，《南来的燕子啊》是他创作的第一首长诗。

在他留下的笔记中，有一篇诗歌札记。从这篇札记里，我们可以看到雷锋在诗歌创作学习上是下过一番功夫的，而这也为他以后日记、文章中的修辞打下了基础：

……

四、民歌文艺手法：

1. 对照：

如：牛出力来牛吃草，

东家吃米我吃糠。

2. 比喻：

要说天，天最大，

我们的干劲比天大！

3. 夸张：

孟姜女哭倒万里长城。

到工厂以后，雷锋又担任了文化小教员，这个“教员”一直延续到了部队，帮战友学习，给少先队当辅导员。他还是《解放军报》聘请的通讯员。

雷锋看了自传体小说《高玉宝》以后，曾计划把自己的家史写成一本长篇小说，可惜只写了2万多字，他就离开了这个世界。

仅根据已经公开出版的《雷锋全集》统计，雷锋生前给我们留下了160篇日记、31首诗歌、3篇小说、9篇散文、13篇文章、18篇讲话、14封书信。

他买了皮夹克

在1960年1月2日新兵集中的时候，雷锋身穿皮夹克，脚蹬皮鞋，披红挂花走在队列前面。一个参加工作时间不长的小青年，怎么会有这样高档的时装？雷锋的好友张建文揭开了这个秘密。

1958 年的秋天，望城县掀起人民公社化运动高潮，国营团山湖农场撤销，并入由乌山、友仁、白马三个县联合成立的五星人民公社。原团山湖农场场长李庆发调任该公社党委书记，雷锋随李庆发到了五星人民公社当通信员，公社机关设在绿树环抱的乌山周家坝。

也在这年秋，湘钢、武钢、鞍钢到望城招收工人。张建文听说这个消息后，急忙赶到周家坝去找雷锋。

张建文见到雷锋劈头就问："几个钢铁厂都来招工人了，你去不去？"雷锋毫不犹豫地说："我去鞍钢，那是国家的钢铁基地。"雷锋劝张建文一同去鞍钢，张建文说："我家有父母需要照顾，我去湘

2012年3月，张建文告诉我们："雷锋这个人呀，帮助人都是发自内心的习惯，他不习惯的是人家感谢他。当年他给我妻子寄钱，我要谢谢他，他那个不好意思的模样呀，我现在还记得清清楚楚。"

钢吧。”

后来，雷锋和张建文一起到了鞍钢，雷锋是作为正式工人去的，张建文则是到鞍钢接受上岗培训。一天，张建文的妻子来信说他母亲病了，家里急需用钱。张建文是来学习的，不发工资，只能在心里犯愁。可过了段时间，他妻子又来信了，信中说：寄的 20 元钱收到了，母亲的病也好了，叫他安心学习。张建文向乡友打听：谁给我家寄钱了？一个乡友告诉他：“雷锋也知道你家里的事，肯定是他寄的！”张建文又去问雷锋，雷锋淡淡地说：“管他谁寄的，你妈的病好了不就行了嘛。” 像这样解囊相助的事，雷锋做了可不止一桩。

雷锋对别人大方，对自己却很抠。

鞍钢是苏联援建的大企业，工作和生活都颇有洋味。厂里每到周末都有舞会，共青团员要带头去参加，这在当时也是一种上进的表现。雷锋被大家硬拉着进了舞场，但他一身工装，膝盖上还打了几个补丁，和舞场的环境确实不大协调。有人说：“这件衣服也太寒酸了。你看楼上楼下的谁像你，连件像样的衣服都没有，你又不是没钱买。”

一次，易秀珍和杨必华几个人一起去俱乐部跳舞，路上遇到了也去俱乐部看书的雷锋。不由分说，她们俩人把雷锋“劫持”到舞厅。可刚要拉他下场，他却得救似的指着墙上的注意事项，说：“你们看，穿带钉子的鞋不准入场。我还是去看书吧。”说完，还特意抬起一只脚，让她们看他那补了前后掌的鞋。

若论雷锋的经济条件，在工友们中他算是好的。从 16 岁起就在县政府拿工资，自己又是一个人，平时省吃俭用，有一些积蓄。雷锋的老乡、鞍钢化工总厂炼焦车间工人张月棋回忆说："我们几个女伴，对雷锋的这些事，都很感动，对雷锋吃粗粮、穿旧衣的艰苦生活更为关切，一再劝说雷锋，春天来了该换季了，该买的衣服就买两件，雷锋终于答应了，无奈地答应说'买，买，买'……"

雷锋（后排左一）与一起到鞍钢工作的故乡好友合影

雷锋买来了皮夹克，成为乡友们中流传的新鲜事。张月棋说道："一个星期天，我们几个女伴，晚饭后没事，想到楼上男宿舍去聊聊天。刚走到他们宿舍门前，忽然听到门里传出一阵说笑声。我们推门进去一看，原来是雷锋在伙伴们的说笑中，正试穿一套新衣服，棕色皮夹克，深蓝色料子裤，脚下是双黑亮的皮鞋，床边还放着一瓶'友谊’牌雪花膏。我们一下子都愣了，简直不敢相信自己的眼睛。连连说，不错不错，现代工人就应该是这个样子。这个小老乡打扮起来也真够帅的，我们这么一夸奖，雷锋不好意思了，当即脱下了皮夹克。”

1959年12月，雷锋身着棕色皮夹克、蓝色毛料裤和黑皮鞋，在鞍山照相馆拍了这张照片

有一天，雷锋喊我上街，说买衣服，我们逛了几个商店到了一个旧货门市部，看到这里挂着的皮夹克，就和新的一样。东北那个地方冷，很多人都穿皮夹克，既保暖又好看。雷锋就买了两件，给我了一件。我说啥也不要，我知道雷锋钱也不多。雷锋非要给我不可，说咱们是老乡，又是朋友，彼此不分。雷锋的料子裤也是买了两件，给我了一件。

——张建文

这件皮夹克只露了几天脸，就看不到了。雷锋每次和大家出去玩，还是穿那身旧衣服，而且又多了几个补丁。张月棋和几个伙伴不理解，一再问他买了衣服为什么不穿。开始雷锋只说穿新衣服不舒服、不习惯。后来，经不住大家老问这件事，雷锋才拿出一封信，给张月棋他们说：“你们看看信就明白了……”

原来，雷锋到鞍钢以后，经常给望城县县委的老领导写信汇报思想和工作。这封信就是县委书记赵阳城给他的回信。信中写道：“希望你在伟大的工人阶级队伍中，更加自觉地接受党的培养教育，认真学习，努力工作，艰苦奋斗，永不忘本，把自己锻炼成一个具有共产主义觉悟的真正的共产主义战士。”雷锋说：“接到了赵书记的这封信，对照我到鞍钢后的思想变化，越看越感到不安，就像赵书记站在我面前说，小雷呀，你忘记了自己是苦孩子，可不能忘本……想一想，我从农场来到钢都才几个月，工作上谈不上任何贡献，现在就讲起穿戴来了，确实是有点儿忘本。”

雷锋同志平时的生活是比较简朴的，记得他刚分配到我们车间工作时，上下班总是穿一套工厂发的劳动服和大头鞋。同志们劝他买一件皮夹克，他刚开始不同意，在青年伙伴的再三劝说下，他才买了一件半新不旧的皮夹克，但是只穿了几次就收了起来。

——原鞍钢化工总厂洗煤车间主任于明谦

就这样，皮夹克和料子裤被装进小皮箱，又随雷锋一起来到了部队。

在业余演出队时，队里排演了一个节目，叫《老刘的故事》。写的是抗日战争时期，一位年轻的共产党员被捕后，在敌人严刑拷打下坚贞不屈、英勇就义的故事。排练时，有同志提出，演员穿清一色的军装效果不好，是否到市文工团借几套便装。雷锋问导演：“都需要什么服装？”导演说：“工人装、农民装、学生装，有几套就行了。”雷锋当即回宿舍拿来一条深蓝色料子裤和一件棕色皮夹克，问：“你们看这几件能用吗？”导演喜出望外：“能用，全都能用。”陈广生当时跟雷锋开了句玩笑：“小雷真够阔气的，有这么漂亮的皮夹克。”雷锋摇了摇头，黯然地说了句：“我不像你们……我没有家，这点儿家底都得随身带。”

演出结束后，陈广生把几件衣服还给了雷锋。这以后，雷锋再没有用过这件皮夹克了。两年多后，雷锋因公殉职，他走了，永远地走了，留下了他的故事和装着他全部家产的小皮箱。

最初，这只皮箱和里面装着的物品都在雷锋事迹展览中公开展出过，后来，一位领导同志说：“这些东西好吗？”于是，皮箱又锁上了，久久地锁上了。

这就是皮夹克的前前后后，一件真实的遗物，一个真实的人物，一个真实的故事。

用现在的话来说，22 岁的雷锋当年也算是“老革命”了。他 16 岁就参加工作，开始拿工资了，参军前，他的工资是 36 元，再加上加班费等等，每月能拿到 40 多元。他本人特别节俭，在部队的时候，一个月只花五毛钱交团费和理发。当时的钱，含金量很高，三元钱可以买一克黄金。雷锋的存款大部分都用于帮助有困难的工友、战友和群众了，那个时候，给困难的人捐助上 10 元、20 元能顶很大的事。

皮夹克、旧袜子、爱照相、节约箱，矛盾地集中于雷锋身上。其实，细看雷锋的经历：一个无依无靠的穷孩子，从农村来到了当时苏联援建的大企业鞍钢，当上了工人，拿上了“高工资”。那时的雷锋，才十八九岁，正处于一个爱美的年龄。面对时尚，他不可能无动于衷。但当他看到祖国建设需要钱，看到国家还不富裕，军装都在用旧的改，特别是三年困难时期，基本口粮都很紧张的时候，他开始“克扣”自己，用省下来的钱帮助别人，支援国家建设。他在用自己所能做到的全部去回报祖国和他身边的人，他对美的追求最终也从个人美走向了大爱、大美。

黄丽是谁?

在中国革命军事博物馆陈列的雷锋日记本上，人们可以看到一封署名为“你姐黄丽”的临别赠言。

亲如同胞的小雷弟弟（临别赠言）：

你勇敢聪明，有智慧，有远见，思想明朗，看问题全面，天真活泼，令人可爱，有内在的美和外在的美，对任何同志都抱着极其信任的态度，等等。这一切结合起来，算得我心爱的弟弟忠心的朋友。

弟弟，你值得人羡慕的还多着哩，是青年中少有的，在建设社会主义中是会做出很大的贡献的。弟弟，干劲和钻劲使你勇往直前。希望你在建设共产主义中，把你的光与热发遍到全世界，让人们都知道你的名字，使人们都热爱你和敬佩你。弟弟，希望你实现做姐的理想。

在临（别）前，要把我内心的千言万语说完是办不到的。我是不愿与弟弟离开的，祖国钢都需要你和等着你呢。弟弟，前进吧！你前途是伟大的、光明的。姐因文化太底（低），不能把我内心所想说的都写出来，只好就此亭（停）笔。

祝你愉快

你姐黄丽乱草

1958 年 11 月 9 日

这个临别赠言吸引了众多的参观者。但是，黄丽是谁呢？

在雷锋的遗物中，还发现了一封写给“小凌”的信的底稿。

小凌：

给你写信的此刻，已经是深夜一点钟，我刚上完晚班回家，今夜整整忙了四个钟点，我真是很疲倦了。

我拧亮台灯，坐下来给你写信，疲倦就立刻飞去了。宿舍里的人都已入睡。窗外繁星满天，明亮的月光从外射了进来。在窗内还可以看到田野里成熟的高粱、稻谷在随风摆动，好像在向我点头，在向我微笑，它们都好像要陪我给你写信似的。我是多么愉快呀，真是高兴极了。

我相信你也会感到如此的兴奋，我有不知多少话要跟你说，却不知从何说起，写到这里告一段落。

雷正兴

1958 年 6 月

这个小凌又是谁呢？有没有可能是一个人呢？

雷锋的战友们和雷锋展览馆的研究人员，查了多少年也没有结果。

1993 年 7 月，一篇署名“王佩玲”的文章《雷正兴和保尔·柯察金》，引起了雷孟宣的注意。根据文中讲述的几件事，雷孟宣推断，这个王佩玲很有可能就是自称为“你姐”的黄丽。

多少年来，我一直默默地承受人们苦苦寻找雷锋的“姐姐”所带来的感动和压力。许多善良的人带着失望的表情与我擦肩而过。……胡道明又协同雷锋纪念馆的老馆长雷孟宣多次登门，我都守口如瓶。看着他们在寒风中踽踽而去的情景，我十分痛苦。尤其令我感动的是，雷锋当年的接兵人，《回忆雷锋》的主编戴明章一连给我写了十封信，每一封信都沉甸甸的，入情入理，令我不能自已。戴明章在第八封信中写道：我们这些雷锋成长的见证人已年近七旬，来日不多，找不到“黄丽”，何以告慰雷锋的亡灵。这封信看得我如蚁啃心，泪如泉涌，我再也无法控制住自己了……

——王佩玲

从1958年王佩玲化名给雷锋留下临别赠言，到1993年她开口说明真相，整整35年过去了！从她的回忆里，人们知道了她与雷锋的那段珍贵友谊以及离开雷锋后心中的酸楚。

1958年春，王佩玲19岁，在团山湖农场劳动时认识了“弟弟”雷锋，留下了很多幸福的回忆。

也许是从小失去母爱的缘故，也许是我落落大方使青春年少的雷锋感到踏实和温暖，雷锋越来越亲近我，我也暗暗地喜欢他，我们以姐弟相称，互相鼓励，携手共进。……日子一天天过去，我们的感情也一天天加深，在生活上，雷锋俨然是个“大哥哥”，体贴我，照顾我。那段时间，我常常闹病，雷锋就一天三五趟地来看我，送药递茶；有时我晚上到河边洗衣服，雷锋执意陪着我，并且把书本上或报纸上看到的故事讲给我听。我感到很幸福，少女的情怀得到了很大的满足。

——王佩玲

那个时代，人们对男女之间的交往是很敏感的，农场开始有人说他俩闲话。雷锋很单纯，曾经迷茫地问王佩玲："王姐，我喜欢跟你在一起，关他们什么事呢？"王佩玲说："不理就是了嘛，爱怎么讲就怎么讲吧。"后来，雷锋当上了拖拉机手，厂里要选一个助手，王佩玲向团支部书记毛遂自荐，据说雷锋也推荐了她。团支部书记拿不准该不该让王佩玲去，便向场长请示，场长说："男男女女在一起不好吧，你给我管严点儿。"据说，场长还特地找雷锋谈了一次话，谈话是什么内容，雷锋从未给王佩玲说过，但从表情上却能看出苦闷与无奈。

王佩玲

几个月后，王佩玲被派到湘潭学习，她有空就给雷锋写信，每次信的开头都写"亲如同胞的弟弟"，信的内容无非是关于工作和学习。雷锋也给她回信，总是一些鼓励的话。那封雷锋给小凌的信就是那时写的。但是不久，王佩玲发现雷锋给她的信好像被人查看过了，就嘱咐雷锋不要再写信了。

王佩玲结束学习回到农场不久，雷锋就调回公社了。1958年11月，雷锋报名去鞍钢。临行前，雷锋回农场与王佩玲道别，安慰她说："别难过，我们还有见面的机会的。"他送给王佩玲一张照片。王佩玲送给雷锋一个日记本，上面有一段留言，就是署名"你姐黄丽"的那段赠言。因为心里有顾忌，王佩玲不愿签自己的真实姓名，请雷锋给取个名。湖南人讲话"王""黄"不分。雷锋说："就叫黄丽吧。'王''黄'谐音，'丽'为天生丽质。"

雷锋去鞍钢后，王佩玲也离开了农场，辗转安徽、湖北等地工作，与雷锋失去了联系。

"雷锋走后，我顿时像水上的浮萍，落不下根。那些日子，我拒绝了一个个追求者，谢绝了一个个媒人。我在盼望，在等待。"直到1963年3月6日中午，王佩玲突然看到报纸上刊登的雷锋照片，还有毛主席"向雷锋同志学习"的题词，才知道她心爱的弟弟已经改名了，而且离开了人世。她大病一场。1965年，27岁的王佩玲与湖南日化厂工人丰振泉结婚了。婚后的生活是宁静的，有时候夫妻之间发生不愉快，王佩玲就看着墙上和雷锋的合影抹眼泪。次数多了，丰振泉看出了问题，一气之下把照片撕了。正是由于这一段难以启齿的故事，王佩玲一直沉默着。

沉默的日子也是一种折磨，而且是长达几十年的折磨。

那些年里，我心中总是忧忧的，无时不想念、不回忆往事。怎不叫人想念呢？他仅仅22岁，就将生命献给了党和人民，我是他生前的好友，也是他的姐姐，应该把他的事迹和形象传给后人，使雷锋这个人物永扬世界，永存世界，永远不忘！这些年，每年都有学雷锋活动，编写雷锋的书，拍电视剧，大家都为学雷锋在轰轰烈烈、费尽心血地让全世界了解雷锋，而我这个“黄丽”还置之不理吗？我也是将近60岁的人了，我应该向人民公开我的真实姓名了，让人民知道，当年的“黄丽”就是现在的王佩玲……

——王佩玲

“黄丽”“小凌”真相大白了。这是一段纯真的情谊，里面透着一对年轻人的萌芽之爱。“爱情”这个词，在他们相处的时间里，谁也没有说出来，但这个尘封的故事却让我们品到了爱情的飘香。

2012年3月，本书作者到湖南采访，虽然没有见到王佩玲，但见到了一直和她保持着密切联系的雷孟宣老人。雷孟宣告诉作者：“‘黄丽’的真相公开后，湖南电视台曾邀请王佩玲和她爱人丰振泉一起去抚顺看望雷锋。在墓地前，王佩玲伏倒在地，号啕大哭，在场的人无不落泪。”现在，王佩玲抚平了伤痛，经常到各地做报告，宣讲雷锋的事迹。

花棉被里的秘密

在弓长岭辽阳雷锋纪念馆的展柜里，放着一床50多年前的花棉被。这是一床普通的花棉被，但里面却装着一段不普通的亲情。

花棉被的主人是雷锋，而里面的被芯却是他的乡友易秀珍的。这棉被里面缝着一个50多年前的故事。

让我们把镜头拉回到1958年11月中旬的长沙火车站。

北上的火车已经鸣笛了，车门前还站着一个梳短辫的姑娘拉着妈妈的手在哭。雷锋过去劝说道："大娘，天黑了，路不好走，你放心地回去吧。你女儿和我们这么多人一路走，我们会帮助她的。"

上了车，鞍钢招工的同志把招来的60多个人编了三个小组，雷锋被指定为第三组组长，那个梳短辫的姑娘也在这个组，她叫易秀珍。这个组里还有两个姑娘：杨必华和张月棋。她们三个都是湖南人，易秀珍是长沙市五中的学生，已经考上高中，又弃学投工而来；杨必华是县城的待业知识青年；张月棋是长沙郊区的绣花姑娘。小易18岁，小杨19岁，小张20岁，雷锋18岁。几个人年龄相仿，又是老乡，一路上自然聚到了一起。易秀珍问雷锋："鞍钢招工主要招乡镇待业青年，像你这样有工作而且工作单位挺好的人，为什么要远离家乡到北方呢？"雷锋半开玩笑地说："有志男儿四海为家，你们女学生都舍得离开家，我能甘心落后吗？"

看大家都休息了，雷锋便从箱子里拿出一本《钢铁是怎样炼成的》读了起来。张月棋坐在雷锋对面，朦胧中瞧见书名，便说："组长抓得真紧，还没到鞍钢就钻研起钢铁是怎样炼成的了。炼钢一定很难吧，瞧这一大本……"

张月棋的话可把人逗死了，易秀珍和杨必华全笑了。雷锋指着手中的书给她说："这不是技术书，是小说。讲的不是炼钢，是'炼人'。"

"炼人啊。"张月棋抓过书来翻翻，不好意思地笑了。

鞍钢的冬天，冷得出乎人的意料，比这更难接受的，是一天两顿窝头，三个吃大米长大的姑娘遇到了第一道关卡。

一天午饭，又是吃窝头，易秀珍和杨必华强忍着吃了半个，就把剩下的窝窝头丢在饭桌上走了。雷锋过来把丢在桌上的窝窝头捡走了。晚上，易秀珍和杨必华回到宿舍，发现桌上放着满满的一盒大米饭，饭盒下还压着个字条："身体是革命的本钱。要锻炼自己。请不吃窝头的人吃下这盒米饭。"字条没有署名，但一看倾斜着的字体，就晓得是雷锋写的。

易秀珍拿起字条，就要去找雷锋："他什么意思啊？"

杨必华说："不用问了，事情明摆着，他这是提醒我们，不要再把吃剩下的窝头丢掉。小老乡向我们敲警钟啊。"

易秀珍嘟囔着说："敲警钟也吃不下。"

张月棋说："小雷是一片好心，咱们是该改改不吃窝头的娇气劲了。"

第二天早晨，她们三个找到雷锋，说："请你这位不吃米饭的人，把这盒米饭拿走。今后我们三个保证跟你一块儿吃窝头，谁也不许再往宿舍里打米饭了。今天就定下这个公约，你同意不同意？"

雷锋说："这个公约定得好，我完全同意。这盒饭你们还是吃了吧，食堂早饭还是吃窝头。"

杨必华把饭盒往雷锋手里一塞："定了公约就不许破坏，我们去吃窝头。"

几天以后，易秀珍的右手被焦炭烫了，张月棋的左手腕也被工具碰肿了。到了吃晚饭的时候，雷锋一手拿着一瓶药水、一手用毛巾托着一盆饭来到她们宿舍。进门就看到易秀珍在哭，忙安慰她说："赵医生讲，你手只烫焦了一点儿皮，已经涂了獾子油，不要紧的。赵医生要我给你再带了点儿药水来。手指离心大老远的，涂点儿药就会好的，别哭了。"

这一说，易秀珍哭得更厉害了："这手没在你身上，又离心八丈远，谁用你来关心，真讨厌……”杨必华赶紧用手堵住了易秀珍的嘴。雷锋没有计较，他对杨必华说：“杨姐，这瓶止痛药水，医生说睡觉前抹一些就不痛了，烫伤、碰伤都管用，到时候你帮她们抹一抹。”

这时，杨必华才注意到雷锋打了一盆米饭和香肠，脸一沉：“把这拿走，你想破坏咱们定好的公约吗？”雷锋赶忙解释说：“张姐和小易伤了手，没有别的可慰劳，吃顿大米饭总可以吧，起码明天早餐不要她俩吃窝窝头。”

易秀珍

看着雷锋的窘样，易秀珍狠狠地瞟了他一眼。最后，还是杨必华解了围，对雷锋说：“你呀，总是对的。我代表张姐和小易谢谢你了。”说着，还来了个举手礼，大家都笑了。

雷锋走后，杨必华对易秀珍说：“人家真心真意关心我们，你怎么说那种话？”张月棋也假装生气地说：“哼，我若是小雷，今后永远不理你。”易秀珍撇撇嘴：“人家才不像你们呢……”

这以后，易秀珍就常去找雷锋，她看过雷锋的日记，也看到了“你姐黄丽”的留言。

鞍钢的生活虽然艰苦，但一群志同意合的年轻人在一起，吃窝头也是

开心的。她们渐渐适应了北方的生活。工作之余，几个姑娘喜欢结伴散步、看电影和逛公园，当然，她们也总忘不了招呼小老乡和她们一起去玩。

鞍山胜利公园离职工宿舍不远，她们几个常一起去公园打秋千。雷锋秋千打得特别好，荡得又飘又高，大家都说要是比赛的话，他一定是冠军。易秀珍的秋千也荡得很好，不服气，总要和雷锋比个高低。每次他俩比赛，小易争强好胜，极力往高荡。雷锋怕她摔着，反而不如平时荡得高，荡一会儿就停下认输，连声说："我输了。我输了。"

1959年8月，雷锋主动要求到新建的弓长岭焦化厂工作，临走时，送给易秀珍一个笔记本做纪念，上面写着："船，能够乘风破浪才能前进；人，能够克服困难才能生存。"

在雷锋去弓长岭那一段日子里，易秀珍悄悄留意着雷锋的消息。今天听人家说，那里环境如何艰苦，雷锋干活如何没深没浅，有时候忙得顾不得洗脸吃饭；明天听人家讲，雷锋怎么爱学习，天天夜里点灯熬油地看书。易秀珍又感动，又心疼，不知道怎么心里冒上个念头，也想调到弓长岭去工作。她这个心事当然瞒不过一个屋子住着的张月棋和杨必华，她们逗她说："弓长岭工地有雷锋，可也有大蛇呀。"那会儿都传焦化厂工地附近的姑嫂城有几条大蛇，每条都有碗口粗，几丈长，夜间躲在山洞里，白天到太阳底下晒鳞。易秀珍小时候在家乡被蛇咬过，提起蛇心里就发毛，但是想起雷锋，她还是执意要去。

我这人觉悟不高，当初能舍得离开鞍钢那样好的环境，主动要求到大山沟里，嘴上说是参加焦化厂的建设，心里想的多半是愿意和雷锋这样的人在一起。

——易秀珍

易秀珍比雷锋晚到弓长岭20天。她到工厂报了到，连行李都没有往宿舍里搬，就跑到工地上去找雷锋。

雷锋正打着赤脚和工友们一起和泥，见到易秀珍突然来了，又高兴又吃惊，把铁锨往泥里一插，光着脚就跑过来了："你怎么到这儿来了？这一批来了多少人？""就我一个人，嫌少了吗？"易秀珍说。"不少，不少，多一个人就多一份力量。"雷锋高兴得满脸是笑。

在弓长岭一起工作的日子里，易秀珍对雷锋更了解了。他是一个对别人热心肠，却不太知道关心自己的人。节约出来的钱，慷慨地帮助别人，而自己经常是馒头、稀饭就咸菜，很少买点儿好吃的。易秀珍看在眼里，疼在心头。

1959年11月14日深夜，刚刚睡下没多久的易秀珍，被一阵雷声惊醒，隐隐约约地听到窗外有人说什么东西遭雨淋了。

第二天一上班，易秀珍就听到工友们说，昨天晚上下雨，工地专用列车上没卸完的7000多袋水泥没有盖好，调度员急得团团转。当时，雷锋正在调度室里看书，就跑回住处喊人，情急之下，把自己的被子也抱出来盖在水泥上了。在他的带动下，20多个小伙子用雨布、芦席把水泥盖了起来，减少了损失。易秀珍跑到现场一看，可不是，雷锋那床花布被子，还在水泥上盖着呢。

团总支书记也到了现场，当即指定易秀珍和另一位姓于的女技术员，帮助雷锋拆洗被子。又洗、又晒、又烘，易秀珍整整忙了一个上午。最急人的是棉被芯，左烘右烤也干不透，好容易烘干的部分还变得硬撅撅的，这样的被芯缝在里面肯定既不暖和又不舒服。易秀珍作难了，去买一床新棉套吧，一时无处去买；去向公家要一床吧，雷锋肯定会不同意。想来想去，易秀珍就把自己被子里的棉芯换了进去，被里被面还用原来的，这样雷锋肯定看不出来。雷锋这个人的脾气谁都知道，他帮助别人什么都舍得拿出来，别人为他做点儿事情，哪怕一针一线他也不要。

这就是那床花棉被，现存弓长岭雷锋纪念馆

晚上，易秀珍把缝好的被子交给了雷锋。雷锋高兴地拍拍被子，好像突然觉察到了什么，问：“这棉被让雨水泡过后，是会变软还是变硬呢？”易秀珍眼看这事就要露馅，抢过话来说：“棉被晾干了，再用竹竿猛打，就和弹过的棉花一样了。”雷锋高兴地连连说：“感谢你为我劳累一天，感谢你把我的被子变得这么软和。”

说起雷锋的这床被子，还得重提一年前，他在团山湖农场捐钱买拖拉机的事。雷锋的被子，还是在乡里时领的救济被，已经变得硬邦邦的了。他计划攒钱买一床新的，赵阳城书记也知道这回事。后来，县里动员全县团员青年捐钱买拖拉机，雷锋一下子捐了20元。赵阳城问他：“你把钱都捐了，被子还换不换了？”雷锋说：“那就再晚几年换吧。”这一耽搁，就耽搁到了鞍钢，也引出了这段花棉被的佳话。

转眼到了12月，雷锋所在的青年突击队，抢修完了最后一栋宿舍，大家高高兴兴地搬进了新房。

雷锋帮着易秀珍安顿好了铺位，坐在暖烘烘的火墙前。易秀珍问他："焦化厂投产以后，你是继续留在这里，还是回鞍钢？"雷锋说："小易，我想当兵去。"易秀珍一下子愣住了："你怎么一下子会想到当兵？"雷锋见她这么吃惊，就解释说："不是突然想到的。当兵是我从小就有的愿望。你知道我是苦孩子，吃过旧社会许多苦头，解放以后，念了几年书，又工作了两三年，是党把我培养大的。我一直感到我生活得很幸福，只有受过苦的人，才知道这幸福来得多么不易。这幸福是需要保卫的，现在征兵工作开始了，我准备报名。"

易秀珍回鞍钢办事，把雷锋要去当兵的事告诉了杨必华和张月棋，她们听了非常高兴。杨必华说："雷锋当了兵，一定是个文武双全的好战士，将来准能当英雄，你回去代我向他表示祝贺。"张月棋却逗着易秀珍说："雷锋到焦化厂，你跟着去了焦化厂。雷锋现在去当兵，你也跟着去当兵吧。"易秀珍脸一下子红了。

雷锋从辽阳市兵役局拿回入伍通知书的那天，易秀珍、杨必华、张月棋三个人都来帮他整理行装，雷锋把自己的被子叠得整整齐齐地交给易秀珍，当着大家的面请她帮着保存起来。过后，他悄悄地对易秀珍说："小易，这山沟里天气冷，不要再盖我那床硬撅撅的棉被了。"

"怎么，你已经晓得了？"

"你的心意我是知道的。"雷锋深情地说，"你帮我拆洗的第二天，趁你不在屋，我去翻看了你的被子。于姐也告诉了我，你别以为谁都不知道……”

在雷锋临行那天的欢送会上，易秀珍亲手给雷锋戴上了光荣花。雷锋也给易秀珍写下了临别赠言：“生长在毛泽东时代，生活多么幸福，前途是何等宽阔，希望你努力地去追求。”

当时，有个被称作于姐的女技术员，从那一床花被子里，看出了一个少女心中的秘密。曾经对易秀珍和雷锋说：“不用瞒我，你们有什么需要我于姐帮忙的吗？”易秀珍笑笑没表态，雷锋笑笑说了一句话：“我们年纪都还小。”

——《雷锋传》

也许易秀珍和雷锋心里都清楚，这是一扇没有打开的爱情之窗。

1960 年，雷锋到辽阳做先进事迹报告，专门看望了余政委，

光荣入伍

并顺路回焦化厂看望易秀珍。以后，鞍钢和所属各厂进行了调整、精简和合并，一批工人下放还乡。从此，易秀珍和雷锋相互间的多次通信谁也没有收到，俩人中断了联系。被工厂下放的易秀珍，因为没有路费回湖南老家，生活陷入了极度困难中。后来，与当地一名技术员结了婚。

1962年4月，雷锋利用到辽阳做报告的休息时间，又一次去弓长岭看望易秀珍。他费了好大劲，才在一个工棚区找到了易秀珍的新住处。刚结婚不到两个月的易秀珍，看着雷锋满头大汗，提着点心、水果，出现在门前，她一下子愣住了，哽咽着说："你来晚了，我对不起你。"易秀珍在泪水中诉说了自己的经历。

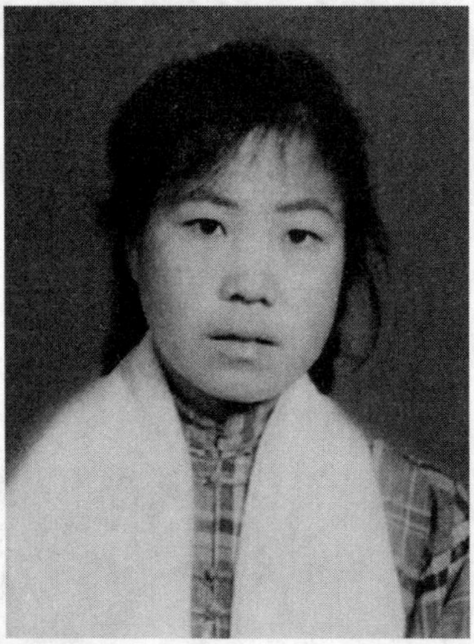
易秀珍披白纱的照片

眼前这个现实是雷锋怎么也没有料到的，他手里提的东西一下子掉在地上，眼泪大滴大滴地落了下来……

四个月后，雷锋告别了人世。易秀珍得知这个噩耗，身着素衣，披着白纱到照相馆为雷锋留下了一张哀悼照。2012年12月18日，在雷锋的诞辰日，她含着眼泪写下了一首诗："抹去你的印迹，还是在心里；不再想你、盼你，还是惦记你；没有你的日子，总是哭泣；失去你，还是在梦里。"

这就是爱美的雷锋，一个青春美好的雷锋！

鞍钢情

在鞍钢工作的一年零两个月里，雷锋先后 18 次被鞍钢评为“节约标兵”，留下了许多勤奋工作、热心助人的佳话。

雷锋到鞍钢，从农村进入了工厂。鞍钢是产业工人集中的地方，那不是手工业，而是大工业，这种环境对造就雷锋起了很大作用。

——江泽民

1959 年春天，鞍钢化工总厂洗煤车间办了个职工业余补习班，组织具有高小文化程度的工人学习初中语文、数学、历史和地理。

夜校只有两名专职教员轮流教学，有些忙不过来。雷锋本来是个学员，后来，语文教员发现雷锋的语文程度很好，就让他试讲了一堂课，大家听了很满意。于是，语文教员就上报车间，批准雷锋做了兼职教员，分工教白班语文课。

学员们上班前两个小时到教室，先上课再接班。这个班的学员多半是老工人，年纪比雷锋大许多，平时雷锋称他们为师傅、主任，在课堂上他们称雷锋为老师。鞍钢化工总厂工段主任白明利也是这个班上的学员，他可是雷锋推土机“驾照”的主考官呢。面对这些“老学员”，雷锋有些不好意思，一再说：“师傅们可别这么称呼我，我没念过几年书，领导们让我代课，我只能硬着脑壳讲……”

小雷老师很谦虚，他的讲课除了湖南口音不太习惯外，整堂课讲得很活泼很生动，因为他备课认真，批改作业也认真。

——白明利

雷锋被大家评为优秀教员。

雷锋在鞍钢化工总厂只工作了九个月零五天，但是他工作积极、乐于助人，和工友们结下了深厚情谊。

工人刘大兴母亲生病，需要 50 块钱看病，但他当时只有 20 块钱。雷锋得知后，当即拿出 30 元，拉他一道去邮局给刘母寄去。

炼焦工人王大修不慎将当月工资、粮票和饭票全丢失了。雷锋发动工友们给他凑钱买饭票，雷锋带头捐出 10 元钱和 8 斤粮票。

青工邹本国感冒发烧，雷锋连夜背他到医院看病。邹本国住院七天，雷锋常去看望，并给他带去水果和病号饭。

在鞍钢化工总厂，雷锋还是 C-80 推土机教员。他包教保学的徒弟是小张。小张的文化水平低，学东西慢，雷锋除了工作时边操作边教他外，还利用工间休息时间，指着机器上的零件，详详细细地给小张讲解机器原理。小张很快就能独立驾驶推土机了。

和小张同来的女工周玉凤，负责教她的赵师傅嫌她年纪小，又是个女同志，不太乐意教她。雷锋知道以后劝她："赵师傅经验丰富，不爱多说话，可他爱的是实干家，只要你抢着去干活，主动去钻技术，时间长了他会喜欢你的。"雷锋还关心地问她家里有什么人，怎么来当工人的。周玉凤也是苦出身，她噙着眼泪诉说了母亲在旧社会几次被人卖来卖去，腰被折磨弯了，满口的牙齿被打掉了……雷锋气愤地伸出手，指着手背上的刀痕对周玉凤说：“这是被狗地主婆砍伤的……”雷锋说：“咱们的救命恩人是毛主席，是共产党，咱们永远不能忘记过去，要好好工作报答党的恩情。”在雷锋的帮助下，周玉凤学习更加积极主动，赵师傅也逐渐改变了对她的态度，师徒关系密切了，不到半年周玉芬就出徒了。

弓长岭焦化厂的工人们在挖地基建宿舍

焦化厂工地附近的姑嫂城有一位牧羊老汉叫吕长太。在旧社会受尽了苦难，新中国成立后，由于家里人口多，生活还是很困难。一天，雷锋遇到了这位老人，看他穿着破烂单薄的棉袄，腰上用绳子绑着，立刻脱下自己的棉衣，给老人穿上。

几天之后的一个中午，雷锋在理发店里排队理发。进来了一个小朋友，坐下后又站起来前前后后地走，雷锋问：“小朋友，你是着急吗？”“嗯，我等着上学呢，怕理完发赶不上趟了。”雷锋说：“小朋友，那你先理吧，可别耽误了上学。”雷锋把自己的号让给了这个小朋友，还替他交了理发的两毛钱。

这位小朋友叫吕学广，碰巧就是吕长太的儿子。他回家后把这件事告诉了父亲。吕长太说：“那你把他领到咱家来感谢一下，顺便把钱也

雷锋义父吕长太

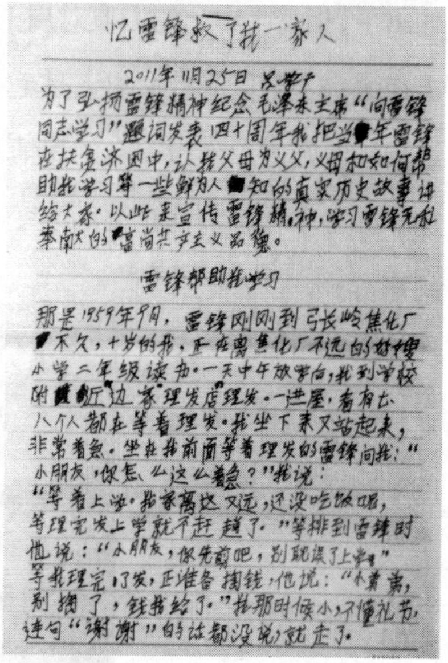

忆雷锋救了我一家人

2011年11月25日 吕学广

为了弘扬雷锋精神纪念毛泽东主席“向雷锋同志学习”题词发表四十周年我把当年雷锋在扶贫济困中，认我父母为义父，义母和如何帮助我学习等一些鲜为人知的真实历史故事讲给大家。以此来宣传雷锋精神，学习雷锋无私奉献的高尚共产主义品德。

雷锋帮助我学习

那是1959年9月，雷锋刚刚到弓长岭焦化厂不久，十岁的我，正在离焦化厂不远的安平小学二年级读书。一天中午放学后，我到学校附近一家理发店理发。一进屋，看有七八个人都在等着理发。我坐下来又站起来，非常着急。坐在我前面等着理发的雷锋问我：“小朋友，你怎么这么着急？”我说：“等着上学。我家离这又远，还没吃饭呢，等理完发上学就赶不上趟了。”等排到雷锋时他说：“小朋友，你先剪吧，别耽误了上学。”等我理完了发，正准备掏钱，他说：“小弟弟，别掏了，钱我给了。”我那时候小，不懂礼节，连句“谢谢”的话都没说，就走了。

吕学广回忆雷锋

还给他。”当雷锋来到吕家时，吕长太一看，这不就是送给自己衣服的人嘛，心里更是感激。他得知雷锋是个孤儿，就收了雷锋当自己的义子，吕学广也成了雷锋的义弟。

1962年夏，雷锋因公牺牲的消息传来，吕长太老泪纵横：“雷锋呀，你这么好的人怎么就没了？我永世忘不了你对我的好……”

热点互动

雷锋怎么会有那么多照片？

有网友说：20世纪60年代，对绝大多数中国人来说，拍照算是一件奢侈的事情。1960—1962 年是中国经济最困难的时候，老百姓饿得生浮肿病，中南海都要吃窝窝头，而雷锋在这段时间居然能拍下 200 多张照片，不但有工作照和学习照，甚至还有生活照。拍那么多照片，比买一辆自行车还贵。凭他当小兵那每月几元钱的津贴，他肯定是付不起的。

还有网友说：雷锋事迹的照片是假的，是摆拍的。

甚至还有网友大胆地做出了假设：雷锋与摄影师是铁哥们儿，偷偷替他拍的。

雷锋留下的照片大部分是在部队时拍的。先后有 10 位部队摄影工作者为他照过相，其中拍得最多的是张峻和季增。他们俩人拍摄了 240 多张雷锋的照片，发表了 100 多张。

张峻是沈阳军区工程兵的摄影干事，雷锋在部队工作、生活了 951 天，而张峻追踪和采访雷锋就达 90 天。季增是雷锋所在团的摄影员，他跟踪拍摄雷锋的照片就更多了。雷锋虽然喜欢照相，可是让记者们照相宣传，雷锋是不太情愿的。季增为了及时地抓拍到雷锋的

这就是那张季增偷拍的雷锋走进医院大门的背影照片

照片，在雷锋班里安了几个“眼线”，如果发现雷锋在哪里做好事就及时通知他。中秋节送月饼的照片就是季增得到消息后，先到医院大门口附近悄悄地等着，拍下了雷锋走进医院大门的背影。季增端着照相机出现在病房时，雷锋很惊讶，季增开玩笑说：“你的一举一动都逃不过我的视线。”

那雷锋的照片有没有补拍的呢？肯定有。那是在1960年底开始宣传雷锋的时候，为了充分宣传雷锋事迹，几位摄影干事根据雷锋日记当中的记载和雷锋战友们提供的线索，补拍了一些照片。这些照片中有的当时就受到上级领导的批评。所以，尽管雷锋的照片有补拍、摆拍的，但总的来说是真实的。

04

第四张名片 先锋雷锋

XIANFENGLEIFENG

雷锋没有辜负赵书记改的这个名字，

无论在地方还是在部队，

他始终都在冲锋，

是名副其实的先锋。

他3次被评为望城县县委机关模范工作者和“治沩模范”；

他18次被鞍钢评为“节约标兵”，

5次被评为“红旗手”，

荣获“鞍山市建设社会主义积极分子”称号；

他一次荣立二等功，

两次荣立三等功，

被选为人民代表，

被评为沈阳军区模范共青团员，

加入了中国共产党；

听过他的报告和他辅导过的学生达数万人次；

在他生前，

沈阳军区就开展了向他学习的活动。

谁是做好事的新兵？

新中国成立 60 多年来，见诸报端的热词当数“好人好事”，自从雷锋的名字在中华大地叫响后，人们更是把做好事和学雷锋自然地连在一起。“雷锋”某种意义上成了做好事的代称。

加入中国人民解放军的雷锋，就是从做好事进入人们视野的。

前面讲过，1960 年 1 月 8 日，雷锋到新兵营的当天晚上就发烧了……

1 月 9 日早晨，雷锋被起床号惊醒。他刚要起床，就被人按住了。班长手端着一碗面条，告诉他说这是荆营长特意让炊事班做的病号饭，还叮嘱今天让雷锋休息一天。雷锋接过面条，眼泪在眼眶里直打转……

但雷锋说啥也躺不住，一定要去参加新兵教育活动。

在团荣誉室的锦旗前，团长吴海山向新战士介绍十团的辉煌历史，并讲述了十团功臣模范们的事迹，要大家发扬十团官兵一致、英勇顽强的精神。

工兵十团组建于 1947 年 9 月，在解放山西运城、临汾、太原中作战勇敢，被六十二军授予“越战越强”锦旗一面。后来，该团进军西南剿匪，以勇敢顽强、吃苦耐劳著称，川西各界民众赠送了“英勇顽强，全歼匪帮”的锦旗，十六兵团也授予该团“英勇艰苦”锦旗一面。1952 年，该团从西南撤回内地，改编为六十二军一八五师五五四团，正式归东北军区管辖。1955 年，该团被改编为工兵十团，从此，该团作为实力最强的一支工程兵部队，承建了许多重点工程。所到之处，留下了建

功国防的美名，涌现出不少功臣模范和先进人物。吴海山是这个团的第三任团长。

当天晚上，团里给新战士放映了电影《董存瑞》。

来到这个英雄团队的第一天，雷锋就一次又一次地被感动着。这感动有的来自历史，有的来自现实；有永恒的英雄，有身边的战友和首长。他们告诉新兵雷锋，人应该怎么活着，路应该怎么走。

晚上，雷锋把一张战斗英雄黄继光的画像贴到日记本上，在画像两侧空白处写下了：“英雄的战士黄继光　我永远向您学习。”

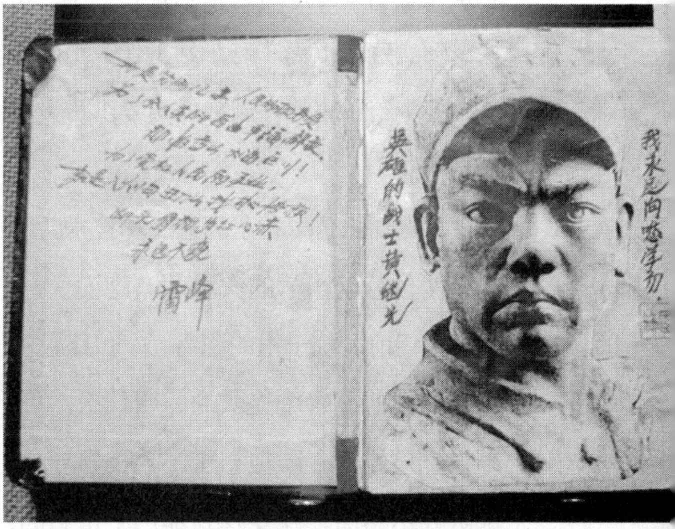

雷锋贴在日记本上的黄继光像

天还没亮，雷锋就悄悄地起床了，去打扫院子和小礼堂旁边的积雪和垃圾。正在巡查机械场地的技术营营长王柱根发现了他：“雷锋，你怎么起这么早？”“首长，我当上了解放军，心里特别高兴，所以就早点儿起来打扫卫生。”雷锋笑着答道，转身又干了起来。

我习惯每天比战士提前半小时起床，到营区各处转转看看。当我看

到雷锋起早打扫卫生时，我在全营军人大会上表扬了雷锋。之后，又对雷锋为人民群众做好事不留名，再次在全营大会上表扬了雷锋。说句心里话，我从参军以来，还是第一次看到新战士刚刚入伍就做得这么好。可以说，我打心眼里喜欢这个小雷锋。

——王柱根

大约十天以后，团部给新兵营打来电话，说有一个小个子战士，总是在星期天去营口火车站打扫卫生，帮助旅客扛行李、抱小孩，搀扶老弱病残上下火车。车站工作人员和旅客很受感动，要求部队查出这个战士给予表扬。副教导员姜洪贵没费多少周折就查出了这个小战士是雷锋。

时隔几日，阜右东副营长和技术营营部书记张时扬在值班时，接待了两位劳动小学的女教师。她们说，上星期天，学校组织老师清扫学校门前和院子里的积雪，一位路过的战士主动帮她们一起扫雪，老师们问他是哪个连队的，叫什么。可不管怎么问，这个战士就是不说，只是一个劲地扫雪。学校领导和老师非常感动，委托她俩来部队表示感谢，并要找到那位不留名的好战士。阜副营长询问了这个战士的体貌特征后，立即与雷锋对上了号。当张时扬把雷锋找来时，两位女教师异口同声地说：“对，做好事的就是他。”

雷锋做好事，从小学开始，以后到县委、农场、鞍钢、部队，接触过他的人都会把他和“好事”连在一起。可细看他做过的好事，会发现事情都不大，而且有些琐碎，我们身边的每一个人都能做，也曾做过，但不一样的是，雷锋不是做了一件两件、一年两年，他用他短暂的生命一贯地为人民做好事，使人们永远地记住了他。

1993年7月，沈阳军区神枪手王元朝回忆雷锋留给他的印象时说："他能在平凡的小事中做出不平凡的事情来。如洗漱间有人忘了关水龙头，他能走过去轻轻拧上；宿舍白天亮着灯，他见到后就会把它熄灭；同志们晒的衣服掉在地上，他能随手捡起来，挂在绳子上。在他的一举一动中，我终于领悟到共产党员的先锋模范作用。"

小个子的苦恼

新兵训练开始了。

雷锋个子矮，力气小，投弹怎么投也超不过25米。看到战友们有

老战士惠连生指导雷锋投弹

投40米的、50米的，雷锋急得掉眼泪。

一定要当一名合格军人！雷锋中午偷偷地到操场上去练臂力、练动作。他在伸展的双手上，各放一块砖头；他用一根细绳，一头拴着手腕，一头拴在树干上，练习抛掷。

雷锋的胳膊肿了，吃饭时拿碗筷都很艰难。班长薛三元看到了，告诉他要劳逸结合，科学训练。每天熄灯后，薛三元陪雷锋补课，纠正他的动作。终于，新兵考核时，雷锋投弹获得了优秀，他高兴得蹦起来。

个子小的雷锋分到运输连以后，又遇到了难题。还记得副连长去接新兵时说过的那句话吗？“这么小的个子怎么开车”，这句话还真是有点儿依据。雷锋学开车开的是苏制嘎斯51型汽车，他个子矮，腿短，开车时要坐在座位的最前端，才能踩到油门和刹车。聪明的雷锋找来一块方木，放在驾驶座上，用腰和椅背夹住方木，解决了这个难题。

个子矮小的雷锋，射击也遇到了难题。一个星期天的下午，天气特别冷，战士们大多都在房间休息，等着3点钟吃晚饭（那时部队星期天只吃两顿饭）。张时扬路过菜窖，看见雷锋一个人伏在地上练瞄准。他眉毛上蒙上了一层白霜，两个脸蛋冻得通红，右手没戴棉手套，用食指扣着扳机。

张时扬问：“雷锋，冻成这个样子了，还不回屋休息？”

“我瞄准动作不行，趁着开饭前再练一会儿。”

“天这么冷，冻坏了咋办？”

“怕冷，能练出硬本领吗？没有硬本领，怎么保卫祖国？”张时扬还没回话，雷锋又说：“你劝我，还不如帮我，干脆你教我练瞄准吧。”

雷锋这么一说，张时扬也不好再劝他了，就伏地帮他纠正瞄准动作。

张时扬发现，由于雷锋手短小，用食指扣扳机时易造成枪身摆动，枪口向下，不容易击中目标。他就给雷锋出了个主意，改用中指扣扳机，瞄准目标后，借用中指和大拇指间合力扣扳机。雷锋试了试，挺管用。经过一段时间的认真操练和细心体验后，他很快地掌握了要领，顺利通过了射击考试。

沈阳军区团代会期间，雷锋向神枪手雷凯（左二）请教射击技能

练　兵

天上星斗亮晶晶，营部响起军号声，
各连集合站好队，精神抖擞去练兵。
月儿当头亮光光，战士握枪上靶场，
哪怕冰霜寒刺骨，坚决要打靶中央。

——雷锋　1960 年 1 月

新兵训练结束后的一天，团里在三营大操场召开新兵训练表彰大会，团首长宣读了对雷锋的嘉奖令。嘉奖令中说：雷锋在新兵训练中，勤奋好学，军容风纪，内务卫生，队列、投弹、射击等基础训练都取得了优异成绩，而且继承和发扬了我党我军的光荣传统，在军营内外做了许多好事，受到了部队官兵和一些市民的好评和赞扬，要求全团官兵向雷锋学习，做好施工前的准备工作，为更好地完成新年度施工任务而努力奋斗。

几十年后，张时扬回忆当时的情景：“我边鼓掌边把目光转向雷锋，看见雷锋胸前戴着一朵大红花，面带笑容，昂首挺胸地站在主席台上。他个子虽然很小，但在我们官兵心中的形象却显得特别高大。”

雷锋在人们的印象中是属于强者的，而雷锋的老班长薛三元，却有他自己对雷锋的独特解读：“回忆雷锋，我联想到弱者的成功，往往都有一段千锤百炼的历史，形体上的弱者会成为精神上的强者。雷锋在军事训练中，在完成各项共同科目中，之所以取得成功，是因为强大的精神激流，无时无刻不在冲击他那不甘失败的心扉。”

“雷哼”和惹事的“刘海儿”

新兵训练结束后，雷锋分到了运输连，他激动地写下了一首诗：

小青年实现了美丽的理想，
第一次穿上庄严的军装，
急着对照镜子，
心窝里飞出了金凤凰。
党分配他驾驶汽车，
每日就聚精会神坚守在机旁，
将机器擦得像闪光的明镜，
爱护它像爱护自己的眼睛一样。

诗歌中的雷锋，心在随着汽车奔驰，心在随着机器跳跃。

雷锋的文艺细胞引起了俱乐部主任陈广生的注意，雷锋被借调到了团演出队。

到了演出队，雷锋一下子报了五六个节目，有集体的，有单人的。可演出队的其他同志却作难了。

“陈主任，我们没法和雷锋合作，他那个湖南普通话，我们真是听不明白。”队员们举了几个例子：“雄赳赳”，雷锋老说成“雄球球”；群口词表演中，上一个演员说“时间如箭”，雷锋应该接“转眼又是一年”，而雷锋却总说成“转眼又是一连”。

陈广生也作难，雷锋是团领导都看好的兵，自己把他调上来，怎么

演出队留影

开口让他回去呢？让他负责剧务工作吧，又怕他闹情绪。一个新战士刚一当兵，就碰上这码子事，会怎么想呢？过去曾有过这样的先例，做思想工作老费劲了。

谁知，雷锋不请自到。“报告，演出队员‘雷哼’向首长请示。”

“是‘雷锋’，不是‘雷哼’。”

“是，‘雷哼’。”

陈广生一下子笑了：“雷锋呀，你这个普通话还真该好好地练练呀。”

雷锋说：“首长，我想回连队，不能因为我普通话说得不标准，影响了同志们的演出。”

陈广生听了心里一阵发热，真是一个通情理的好兵！他对雷锋说：“你就不要走了，留在演出队搞剧务吧，大家也需要服务人员。”

“是。我服从组织分配，只要能把节目演好，叫我干啥就干啥。”

雷锋当上这个剧务后，遇到的第一个问题是演出队的队员喝不上热开水。演出队没有独立开灶，在附近一个机关留守处的食堂里搭伙吃饭。那个时候连队没有专门烧开水的炉子，都是用吃饭的锅烧水。

演出队离食堂有一里多路，大家吃过饭，用军用水壶灌开水，回去就只能喝凉水了。

雷锋请炊事员帮忙找到一个烧开水的旧铁壶，拿回演出队驻地，就地烧开水。演出队员排练休息时，雷锋把晾好的温开水一碗一碗地递给大家。

为使节目早日同连队见面，演出队星期天不休息。大家忙排练，雷锋就悄悄地帮队友们洗衣服、洗床单。有个战士感冒头痛，雷锋发现后

雷锋（前排右二）和演出队合影

主动到卫生队替他拿药，彻夜不眠地照顾他。

演出队的战士都说：对这样的好同志，一定要表扬！

演出结束了，雷锋虽然没有登台表演，但大家都觉得演出队离不了他。演出队照合影时，大家一致要雷锋拿着奖状蹲在前排。照片上，雷锋的脸上洋溢着幸福的微笑。

看到这张照片，细心的读者可以发现，雷锋的军帽下露出了一绺刘海儿。按照部队军容风纪，这是不允许的，刚步入部队的雷锋，并不太了解这些。后来，就因为这一绺刘海儿，雷锋受到了批评。这是他入伍四个月时间里受到的第二次批评。

雷锋离开演出队回运输连后，还经常到陈广生那里去借书，每次都是高高兴兴的，而有一天却是沉着脸走进屋。

原来，雷锋在路上碰见了副团长。他乐呵呵地跟副团长打招呼，副团长却一眼瞅见了他露在帽檐外的刘海儿，狠狠地训了他一顿。

陈广生安慰雷锋说，副团长抓部队军容风纪严格，让雷锋不要放在心上。不一会儿，雷锋消了气，又像过去那样有说有笑。临走，还对陈广生说："我回去就把头发理了。"

以后，陈广生果然见雷锋的头发短了。但有一次，陈广生到班里去找雷锋，见他正在那儿吹口琴。一看见陈广生，雷锋马上站起来抓帽子戴，陈广生笑着说："我不是来检查军容的。"雷锋放下帽子也笑了。

这时，陈广生才注意到，他的头发虽然很整齐，但是额前仍然留着刘海儿，只不过比过去短了。陈广生抚弄一下雷锋额前的短发，开玩笑说："还敢留着，不怕副团长再看见了？"雷锋嘿嘿一笑："再上街，

从这张照片上可以看到，雷锋的头发明显剪短了

我把帽子戴低点儿。”

雷锋到部队后第一次挨批评，是在1960年的1月28日，雷锋当兵后的第一个大年初一。那天，也是雷锋当兵的第20天。团拜会后，连长宣布放假。还是新兵蛋子的雷锋以为放假就可以自由活动了，他没有请假就一个人跑到营口市的照相馆照相去了，回来后就被指导员找去批评了一番，还给他讲了邱少云的故事。

那张拍于大年初一的照片就是现在大家看到的雷锋坐在吉普车里，题着“奔驰在前线”的照片。照片上，雷锋的帽檐下，能清楚地看到有一绺刘海儿。

翻开雷锋相册，我们可以看到，雷锋来部队前的照片，额头上都有厚厚的刘海儿，初到部队时，帽檐下也能看到这一绺刘海儿。但演出队合影以后，我们再看不到它了。不但是在雷锋戴着军帽的照片上，就连少数几张脱帽照片，也是头发越来越短。

1960年春节，雷锋在照相馆留下了这张照片

雷锋受批评的事，过去很少有人提起。其实，这是一件很正常的事，雷锋是人不是神，作为一个普通士兵，他和普通人一样，有着自己的喜

好和习惯。在他的成长道路上，有赞扬，也有批评，关键是在个人爱好与集体发生冲突的时候，他能及时地修正和协调。正是这样，雷锋才可爱又可学。

“我报名吃二两”

演出结束了，雷锋高高兴兴地从演出队返回连队。

这时，连队正在按照上级要求开展增产节约活动。自然灾害造成的困难，已渐渐地在军营里显现出来，部队的伙食 80% 都是粗粮，高粱米蒸的饭南方籍的战士本来就吃不惯，菜里的油水又少，现在再减粮食定量，有些战士就有了情绪，开始发牢骚，抱怨。

有一次，雷锋听到一个干部说：“毛主席都不吃肉了。”雷锋想：“这不可能吧，国家经济困难有这么严重吗？是不是造谣？”后来，他见到团政委韩万金，悄悄地询问此事，韩政委告诉他：“这是真的，是我在北京开会听一位老首长讲的。毛主席他老人家要带头和全国人民一起过苦日子，他和周总理把自己每天的粮食定量定为七两。毛主席说朱总司令饭量大，要他多吃一点儿，朱总司令给自己定为九两。”

1959 年 6 月 9 日，总政治部发出《关于在军队中深入进行当前经济情况的宣传解释工作的紧急通知》。

1960 年 8 月，总政治部下达《关于进行节约粮食的宣传解释工作和支援救灾的指示》。

同年8月和11月，中央军委两次批转总后勤部党委关于节约粮食、降低粮食定量的方案，规定军官每人每月减少粮食定量3—3.25公斤，士兵每人每月节约1.75—2公斤，全军每年为国家节省粮食2500万—3500万公斤。

雷锋找到连长李超群："连长，我要改定量，我每天吃二两粮就够了。"最后，在连长的坚持下，他定到一天六两，是全连最少的。

有一天，雷锋找到我说："连长，我一天只吃二两饭就好了。"我一听很吃惊，二两饭就那么一口口怎么行，就是个子再矮也不行呀。后来，部队响应上级节约粮食支援人民的号召，要求大家自报定量，那时候战士的定量每天是一斤五两，经过动员有的报一斤二两，有的报九两。雷锋还是坚持要吃二两，我坚决反对，最后给雷锋提到了一天六两，当时雷锋的定量是全连最少的。雷锋吃得最少，但是工作起来还是有使不完的劲。

——李超群

曾经是"高收入"一族的雷锋，这时候制作了个节约箱，把捡到的破铜烂铁、牙膏皮、碎布头都放到里面去。那时，牙膏皮二分钱一个，积少成多，有一回雷锋一次就卖了两元多钱，他用这些钱买来铅笔、橡皮和写字本，送给战友和小学生。时间一长，全班乃至全连的同志也都自觉地捡废品了。

夏季换发服装，每个战士发两套军装、一双解放鞋、一双袜子。雷锋只要了一套军装，乔安山劝他领两套：“国家这么大，还在乎你这一套衣服。”雷锋固执地说：“国家现在困难，一套军装虽微不足道，可是我的一点儿心意，我确实有可换洗的衣服和袜子。”

连队举办勤俭节约现场展览会。雷锋在现场教战友们补袜子

雷锋确实是有一双“千层底”的袜子，里里外外补了18个补丁。战友韩玉成看到这双袜子，就开玩笑说这双袜子影响班里的环境卫生，将它扔进了垃圾箱，雷锋又把它从垃圾箱里捡了回来。原来，这双袜子是有来历的。它是雷锋在望城县县委当公务员的时候，县委书记张兴玉送给他的。雷锋一直将它带在身边，从1956年一直穿到1960年，已经穿了五个年头，虽然已经补了又补，连底色都看不清楚了，但一直舍不得扔掉。

1960年4月，高士祥军校毕业，分配到工兵十团运输连任政治指导员。一到连部，他就看到门口黑板上写着“向雷锋同志学习”七个大字。细读下去才知道，雷锋是连里的新兵，他来到连队以后

“超雷锋”板报

天天做好事，早晨起来为同志们打洗脸水，打扫室内外的卫生，打扫厕所；上课前他领着大家唱歌；吃饭时给大家读报；生活艰苦朴素；喜欢助人为乐等等。

后来和雷锋同志接触机会多了，他给我留下的印象也就更深了。他有几个突出的特点：一是非常勤快，没有休息的时候，从没有见他闲扯，平时一有空就打扫卫生，到车场擦车，帮别人洗衣服，缝缝补补；二是非常热心，一心一意帮别人排忧解难……三是克勤克俭，艰苦朴素……

——高士祥

高指导员上任后，和李超群连长都面临着一个十分现实的问题：如何在困难面前把干部战士的心聚拢，劲搞足？

那时候，连队吃午饭期间会开展小广播、小读报活动。一天吃午饭，雷锋拿着《解放军报》，给大家边读边讲解放军战士节约粮食的事。有一个战士不愿意听，更不愿意吃高粱米饭，故意将一口饭吐在地上说："炊事班怎么搞的，米没淘净，沙子差点儿把我牙硌掉……"雷锋听到后，看了这个战士一眼，没有说话，照样认真地讲下去："咱们连每人每天节约一粒粮，一年就是36000粒，全团全军该有多少呀！"吃完饭后，雷锋把掉在桌子上和地上的饭粒都扫了起来，倒在了猪食缸里。

这一切被高指导员看在眼里，他与李连长商量，决定在连里搞一次忆苦思甜活动，让雷锋给大家讲讲自己的成长史。

会上，雷锋给大家对比了他在新旧两个社会里过的两种不同生

野营拉练途中，雷锋利用休息间隙给战友们读报纸

活。当讲到母亲悬梁自尽时，雷锋失声痛哭，全场也一片哭泣声。雷锋所在连队超过半数的官兵都在旧社会有过逃荒要饭、家人离散和地主逼债的悲惨经历。雷锋的忆苦报告深深地打动了全连官兵的心。

刘主任抓的典型

高指导员上任不久，团政治处主任刘家乐就带着宣传股股长吴广信、干事庞士元来运输连蹲点。

刘家乐是从工程兵舟桥部队调到工兵十团担任政治处主任的。作为一个政治首长，上任后的第一件事就是摸清部队的思想情况。他了解到团里有一些官兵对目前的暂时困难认识不清，个别人还有些不满情绪，特别是施工劳动强度大，有些人饿肚子，就发牢骚说怪话。但是也有很多积极因素，比如运输连新兵雷锋，对度过灾荒年就很有信心，工作热情也很高。于是，刘家乐来到运输连，要见识一下这个叫雷锋的新兵。

高指导员听他们说完来意，就一五一十地介绍说：雷锋不仅仅是个忆苦典型，他很全面，思想进步、工作积极、学习刻苦、勤俭节约。雷锋参军前，在工厂和湖南老家就是先进工作者和红旗手。

听完介绍，刘主任说："走，我去认识一下雷锋。"

这时部队刚施工回来，他们走进二排宿舍，就看到一个战士坐在床上看书，连他们进来都没发觉。

高指导员喊："雷锋，这是政治处刘主任。"雷锋立刻站起来敬礼。汇报中，雷锋指着正在阅读的《毛泽东选集》问刘主任：“首长，这段应该怎么领会……”

我一看，雷锋手指的是毛主席《实践论》中的理性认识依赖感性认识的问题。我问：“雷锋，你是怎么领会的？”雷锋说：“一切理论都要经过实践，没有实践的理论是空头理论。”……这是我第一次见到雷锋，他给我的印象是个头不高，白脸皮，大眼睛，挺精神，说起话来面带笑容，对毛主席著作学习抓得很紧，能利用一切时间进行学习。

——刘家乐

深入了解下去，刘主任发现这个新兵不光是爱学习，在工作上还会学习、肯钻研；他愿意帮助别人，模范带头作用发挥得特别好。用李连长的话说：“雷锋这个战士，一个是精神好，不管遇到什么困难，他都是乐观地充满信心地对待；再一个是有智慧，遇到困难他能想办法克服。像雷锋这样的战士越多，我们战胜困难的力量就越大。”

前面讲到，雷锋一分到运输连就被团演出队调去排练节目。当他返回运输连时，新兵差不多已经把汽车理论学完了。眼看就要学习实际驾驶了，摆在雷锋面前的问题是，如何补上耽误了一个多月的技术课程。汽车教员二排长给了他一本汽车驾驶课本，劝他说：“你下连晚了，光着急没有用，一时上不了工地，晚就晚几天吧。”

此时的运输连正在援建抚顺钢厂的一座厂房，雷锋看到老战士们奔忙着为工地运送建筑材料，自己有劲使不上，心里那个急啊。

从内心往外说，我时刻都想多学点本领，更好地为人民服务。我时刻牢记着马克思的教导：不学无术在任何时候，对任何人，都无所帮助，也不会带来利益。今天，我为人民的利益，阶级的利益，革命的利益，多学点本领，就更有必要了。我之所以要虚心学习，刻苦钻研，学到真本领，就是为此目的。

——《雷锋日记》1962 年 5 月 6 日

雷锋开过拖拉机、推土机，于是，他把汽车的构造、各种机件的性能和操作方法，同拖拉机、推土机做比较，找到它们之间的不同点。他一有空就拿着笔记本钻到车下，对着机件一样一样地熟悉，这样，他很快就通过汽车的原理构造把汽车的特点摸熟了。

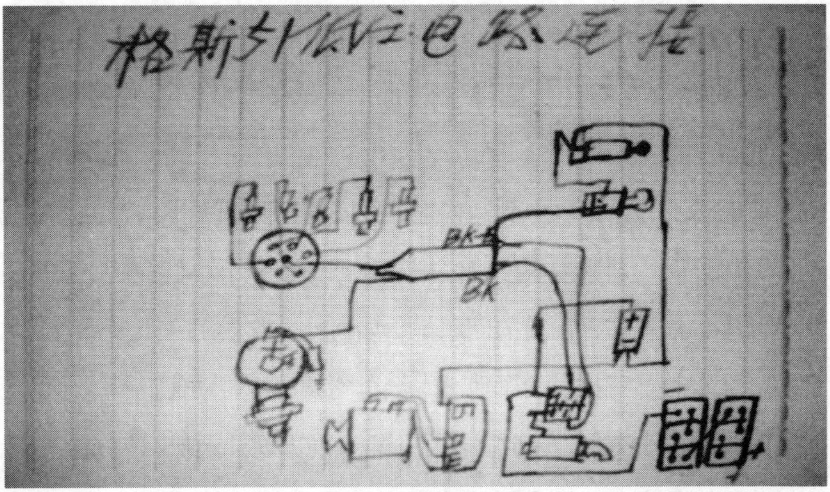

雷锋手绘的汽车电路图

雷锋保养车辆

汽车道路驾驶学习开始了，每天半天理论学习，半天道路驾驶。雷锋所在的新兵班有十名同志，一个人一天只能轮上25分钟的实习驾驶。

为了使全班同志能够很快地掌握操作要领，雷锋利用休息时间制作了一个模拟驾驶台，带领大家在驾驶台上练习手脚操作的配合动作，很快提高了大家的技术水平。

和雷锋一个班的佟占佩记性差，今天学明天忘，第一次测试考了个不及格。雷锋就给佟占佩照图讲解，一个部位一个部位地推进。每次小组讨论的时候，雷锋都让佟占佩先发言，说不清楚的地方就提示他一下，然后让他继续讲，用讲话巩固记忆。这样，学习了一段时间，佟占佩的业务有了明显的进步，第二次测验得了五分。

雷锋的战友们至今还记得雷锋制作的这个模拟驾驶台，它放在宿舍门前，新兵们这个上去练一会儿，那个上去摸一摸，都说和坐在教练车上差不多。雷锋就是靠着这样的钻劲和巧劲，不仅自己补上了落下的功课，在结业考试中取得优秀成绩，也帮助战友们提高了技术水平，被大家推荐为技术学习小组长。

5 月份，雷锋被分到了二排四班。雷锋第一次独立驾车运送水泥到工地，看到厂房已经打好了地基开始砌砖了，他内疚地说："我来晚了。"一个老战士夸奖他说："怎么晚了？你是新兵训练班下到战斗班最早开

雷锋给战友讲解每个部件的构造、性能和特点

车的一个。”

雷锋驾驶的13号汽车，原来是四班耗油最多的一辆车，大家管它叫“耗油大王”。这辆车参加过抗美援朝，已有十余年历史，多次大修过，各部件磨损仍然很严重。这时连队正在开展节油活动，谁都不愿意开这辆“耗油大王”。

在雷锋的再三请求下，连里把13号车交给了他。雷锋决心要制伏这辆“耗油大王”。他发现化油器的油针太粗了，就设法调整油针，使耗油量最大限度地降低；加强保养，减轻了车的摩擦阻力，耗油量下降了35.7%；他又在操作上总结规律，调整和改进驾驶操作。终于，“耗油大王”变成了节油车。

刘主任还从另一件事上认识了雷锋。刘主任的父亲因为家乡闹灾吃不饱，来到部队找儿子。有一次，他对刘主任说起，他领孙女到公园玩，认识了雷锋，雷锋给他讲的国家形势和克服困难的办法都很在理。看着父亲脸上露出的笑容，刘主任心想：我是政工干部，都没掌握父亲的思想，却被雷锋发现了。这件事很典型，看来只要工作深入，方法得当，就一定能解决问题，带领大家克服眼前的困难。

从运输连调研回来，刘主任考虑从三个方面引导部队指战员正确认识暂时困难，树立克服困难的信心，保证施工任务完成。一是要抓紧时间对部队进行一次形势任务教育。二是在部队开展忆苦教育，提倡生产节约，增强部队战胜困难的信心。这个问题可以通过雷锋这个忆苦典型带头，把群众发动起来。三是总结新中国成立十余年来的建设成就，对部队进行爱国主义教育。

刘主任向团政委韩万金汇报了这些想法，并特别介绍了雷锋的情况。韩政委同意了刘主任的方案，他说：“你们政治处要将雷锋很好地加以培养，要有专人负责，咱们常委就由你负责，宣传部门可以做些具体工作。”

刘主任回到办公室后，就召集宣传股开会，指定吴广信、庞士元把运输连当作联系点，继续抓好雷锋同志的培养教育和跟踪调查。刚巧，吴广信要到运输连代职三个月副指导员，所以具体帮助雷锋的工作就落到了他身上。

立功的新兵

1960 年 8 月初的一个傍晚，雷锋正在和班里的战友研究汽车理论，突然发现西边的一栋房子里冒出了浓烟，蹿出了火苗，雷锋急速地站起来：“不好，一定是加工厂起火了！”他喊上大家向起火的地点跑去。到了现场，雷锋奋不顾身攀上房脊，挥起扫帚与烈火展开了搏斗。大火扑灭后，雷锋的鞋子烧坏了，衣服烧破了，手也烧伤了。

这一年的 8 月，辽阳地区连降大雨，河水暴涨，山洪暴发，东北 20 多个县市受灾，几条主要的铁路都被洪水冲断。抚顺郊外的上寺水库有可能决堤，抚顺市委、市政府紧急动员全市军民保卫煤都，保卫人民生命财产安全。

运输连接到了抗洪抢险的命令。当时，雷锋正在拉肚子，加上前几天扑火时手上受的伤还没有好，李超群连长决定把他留在营房值班。雷锋坚决不要这种照顾，坚持要和连队一起去水库抢险。

来到水库，就看到洪水咆哮翻滚，很快就要漫过大坝。情况万分紧急，市委防汛指挥部要求部队连夜开掘溢洪道。挖掘中，雷锋被塌方的黏土砸倒，铁锹也被埋在塌下来的黏土下面，他就用手继续挖泥，前几天烧伤的手，磨出了鲜血。李连长看到后，催促他快去找卫生员包扎一下，雷锋没离开，仍然坚持用手挖泥。

天快亮时，雷锋昏倒了，被送下去休息。但雷锋只休息了一上午，就又上了工地。经过七天七夜的连续奋战，咆哮的洪水在英雄们面前驯服了。部队撤回抚顺驻地，各连进行抗洪抢险总结，运输连提出为雷锋记三等功一次，报到了团政治处组织股。

组织股长赵玉瑞可不是第一次听到雷锋这个名字啦。一个月前，团里要求各连申报当年党员发展计划，运输连党支部报了七名发展对象，其中只有雷锋是当年入伍的兵。一般来说，入伍不到一年的新兵，是不能作为党员发展对象的。战士中间当时流行着几句顺口溜：当兵一年看，二年好好干，三年入了党，复员进工厂。雷锋没有看，当了兵就好好干，入伍不到半年他就向连队党支部递交了入党申请书。雷锋能不能作为党员发展对象呢？赵玉瑞向韩政委请示，韩政委说："雷锋是个好苗子，对他的入党问题，不要拘泥于入伍时间长短，符合条件就可以发展，要尽快派人去湖南外调雷锋的家庭和社会情况。"组织股根据政委的指示进行了一系列的调查工作，证明雷锋的身世的确很苦，社会关系极为单纯，没有发现任何问题，便把雷锋列入了1960年党员发展计划。

和平时期给一个入伍才八个月的新兵记三等功，在工兵团是没有先例的。为了慎重起见，赵玉瑞到运输连找干部战士开了几个座谈会，全连上下都主张给雷锋记三等功。到四班开座谈会的时候，战士们也是这个看法，只有雷锋坐在一边一言不发。赵玉瑞问他：“为什么不说话？”雷锋说：“抗洪抢险是全团的行动，战胜洪水人人出了力，我和大家一样尽了一个战士的责任，没有必要单独为我请功。”

回到团部，赵玉瑞对韩政委讲了这件事，韩政委说：“雷锋这样谦虚，严格要求自己，不争荣誉，很好。但从组织上考虑，同意给雷锋记三等功。”

少先队的大朋友

1960年10月10日，雷锋受聘担任抚顺市望花区建设街小学（现雷锋小学）的校外辅导员，又一次戴上了他久违的红领巾。1961年4月，他又兼任了望花区本溪路小学（现雷锋中学）校外大队辅导员及该校504中队校外辅导员，成为孩子们的知心大朋友。

本溪路小学是刚建的新学校，操场是用炉灰砟子铺的，坑坑洼洼的，下雨就成了小河泡子，学生们只好到马路对面的公园（现雷锋公园）去玩。调皮的学生给学校起了个绰号叫西葫芦，说教学楼是西葫芦皮，里面的老师和学生是西葫芦籽。

雷锋深知上学读书的机会来之不易，他给小同学们讲了他的苦难童年，告诉大家：“我小时候看到地主家孩子吃肉不嘴馋，可看到地主家的孩子上学我眼馋。穷人家的孩子进不了学堂，只能偷偷躲在窗台下听，要是被地主看到还会挨打。解放了，是共产党救了我，送我

雷锋和少先队员们合影

上学，给我吃穿。你们的童年多幸福啊！坐在明亮的教室里，有老师给你们讲授知识，可要珍惜啊！”

雷锋担任504中队校外辅导员一个多月，就到了期中考试，结果504班全班平均成绩只有70分多一点儿。雷锋一边安慰班主任喻慧珍，一边向她了解班里同学的情况，有针对地制订帮助计划。

陈雅娟是中队长，别的功课都不错，就是珠算总学不好。雷锋和喻老师一起给她补珠算，两个多月后，陈雅娟的珠算成绩赶上来了。

有个患癫痫病的女同学，因为常缺课，平均成绩不及格。雷锋坚持每周到她家里给她补课，最终感动了家长。孩子的母亲说：“辅导员对孩子的学习比家长还关心，总这样，我们实在过意不去。”于是，家长也开始给孩子补课了。

张宽阁和周重庆贪玩，影响了功课。一次，他俩去看电影。开演前十几分钟，他俩发现雷锋叔叔在前边的座位上看书，就好奇地跑过去问雷锋："辅导员，电影就快开始了，你能看几页啊？"雷锋笑着回答："我这不也看了好几页吗？你们期中考得怎么样啊？"他俩不好意思地回答："没考好。"雷锋挤时间学习的行为教育了他俩，随后，他俩制订了家庭作息时间表和学习计划。

期末考试，504班的平均成绩取得了年级第一。

当时，本溪路小学的学生大部分家庭条件都比较好。雷锋看到一些同学常吃零食乱花钱，就给同学们算了一笔账："假如每人每天花1角钱，全国7亿人，每天就要花掉7000万。请大家算一算，7000万能买多少汽车？能盖多少大楼？能买多少台机器？……"小学生们被这个数字雷倒了，雷锋又趁势领着大家唱起了《小小针线包》。

在学校的大队活动计划里，雷锋提出开展"三件宝"活动，通过开展这个有意义的活动，帮助大家养成良好的习惯。第一件宝是"储蓄箱"，把零花钱积攒起来，把零钱凑成整钱办大事，交学费，买书本，或者帮助有困难的同学，从小养成勤俭节约、艰苦朴素的好习惯；第二件宝是"聚宝盆（节约箱）"，把捡到的旧钉子、铅笔头、橡皮头等收集起来，桌椅坏了自己可以修理，培养爱护公共财产的好品质；第三件宝是"针线包"，同学们衣服破了自己补，扣子掉了自己钉，继承艰苦奋斗的传统。

有一天，504班的几个同学到部队驻地找雷锋叔叔。一进连队大门，正碰上雷锋在捡地上的废擦车布。有一个同学好奇地问："雷锋叔叔，你捡这些破布干什么呢？”雷锋说：“来，咱们一起捡，边捡边告诉你。”雷锋告诉同学们，不要小瞧这些破布，洗完了还可以再用，这样就可以给国家节约物资材料。说着，雷锋打开了自己的节约箱，里面什么都有，钉子、牙膏皮、螺丝钉、废布等等，简直像个万宝箱。回学校后，同学们也学着雷锋叔叔的样子，把捡到的东西都放到节约箱里。

从沈阳军区医院内科医生岗位上退休的孙桂琴，当年是望花区建设街小学的学生。有一次，孙桂琴上学晚了，把红领巾跑掉了，就拿在手里往校园里跑。当时，雷锋正好到学校来辅导，便叫住了她，为她系上了红领巾，温和地对她说：“每天上学前要把红领巾系得紧些，要爱护红领巾，珍惜红领巾，因为它是红旗的一角，也是我们少先队员的标志啊。”孙桂琴至今还珍藏着这条红领巾。

建设街小学的大部分学生都是矿工子女，家里生活都不太宽裕。一次，班里上大字课，孙桂琴的本子用完了，正在发愁。在学校参加活动的雷锋知道后，就把孙桂琴领到少先队大队部，找出一支用线缠好的旧毛笔和两张写过字的纸，用红蓝铅笔在纸的背面画了方格，让孙桂琴写字用，并告诉她，用这样的纸一样可以练出好字，父母挣钱不容易，从小就要学会节省，要从一点一滴做起。事后，雷锋还亲手做了一个节约箱、一个储蓄箱和一个针线包，送给了她们班。

最难忘的是，有一天，雷锋来到我们学校的少年之家，正好部队记者来采访雷锋，要为我们和雷锋照相。当时由于我胆小，就偷偷躲到了

一边，还是雷锋亲切地把我拉到了他身旁。他见我个子矮，又在我脚下垫了块砖头。我睁着一双大眼睛，高兴地望着雷锋，随着闪光灯一亮，留下了这幸福的一瞬间，成为我终生难忘的回忆。

——孙桂琴

雷锋和其他辅导员一起，用自己的津贴给学校办起了小图书馆。其中，有毛主席的著作《为人民服务》《纪念白求恩》等单行本，还有许多英雄人物的战斗故事小人书，如黄继光、董存瑞、邱少云等。他常常到图书馆给小同学们讲故事。

雷锋爱孩子，把同学们当作自己的知心朋友。现在是抚顺市技术协作办退休干部的王宗惠老人还清楚地记得这样一件事。当时

雷锋和建设街小学的孩子们在一起，左三为孙桂琴

她是本溪路小学504中队的中队长。有一天课间，一名女同学从水房出来，嘴里含着一口水，吐在一名男同学的后背上，正巧被王宗惠看见，当即喊住她，批评她这种做法不对，可那名女同学却说：“你管不着！”王宗惠也生气了，大声说：“你太不像话了！”恰巧班主任路过，没问事情的缘由，就严厉地批评了王宗惠，还在全班宣布：“王宗惠作为中队长和同学在走廊吵架，停止一个星期的中队长工作。”

王宗惠委屈极了，放学后跑到连队找雷锋。当时，雷锋刚从车场保养汽车回来，王宗惠见到雷锋眼泪就刷地掉了下来。她把课间发生的事情告诉了雷锋，雷锋听完后安慰她说：“作为中队长，你帮助同学改正缺点这是对的，但是也要注意工作方法。”雷锋又对王宗惠说：“我也有被误解的时候，当时心里是很委屈，过后想想毛主席说的‘有则改之，无则加勉’，我就不再感到委屈了。”雷锋看王宗惠消了气，又拍拍她肩膀说：“受点儿委屈也是一次小考验嘛。”第二天，班主任老师在全班同学面前检讨了自己错怪王宗惠的事，恢复了她中队长的工作，并要求大家向她学习，主动帮助同学改正缺点。事后王宗惠才知道，原来是雷锋来学校和老师进行了沟通。

建设街小学的王文阁出生在山东省陵县，1960年，陵县遭灾后，随父母举家迁到抚顺。他穿的衣服是用大人的旧衣服改的，学费是凭街道开的困难免费单减免的，和周围的同学相比，他产生了很强的自卑感。一次听报告，他知道了雷锋的苦难童年。会后，他去问雷锋：“辅导员，像我这样的穷孩子是不是和你小时候一样啊？”雷锋告诉他：“不，不，绝不一样。你家现在有苦难，是因为目前国家受自然灾害影响，政府一时照顾不过来。穷只是暂时的，要想吃好穿好，就得大家一起努力，一起建设，很快就会好起来的。”

雷锋给王文阁买了学习用品，还送给他一套《十万个为什么》。雷锋在书上写下他对王文阁的期望：“愿你插上幻想的翅膀，去探索大自然的奥秘，长大成为一名科学家。”王文阁没有辜负雷锋叔叔的培养，长大以后真的成了一名科研工作者，他发明的实用新型“一种补偿增力的驱动装置”和“双胎式节能感应电动机”两项技术获得了国家专利，这两项发明，还获得了三次金奖和一次银奖，其中，1993年荣获“中国爱迪生金奖”。

1961年，雷锋被抚顺市委评为抚顺市优秀校外辅导员。

如今，雷锋帮助过的孩子们都已两鬓斑白，成了爷爷奶奶。但他们仍然把雷锋称作自己可敬的大朋友，当年曾任望花区建设街小学少先队大队辅导员的赵桂珍至今还保留着雷锋1961年1月间写给小朋友们的一封信：

亲爱的少先队员同学和全体少年朋友们：

我于本月初，离开了抚顺来到军区，因为时间紧迫没能来得及向小朋友们告别，请小朋友多加原谅。我很想你们，但我的工作很忙，又不能马上回去看你们，因我要先后到大连、营口、辽阳、哈尔滨等各地去做报告，等我回来的时候要拿我的工作成绩见你们，你们也要拿优秀的学习成绩向党汇报，咱们要比一比看谁的成绩最大。小朋友们，你们要好好学习，天天向上，听党的话，做毛主席的好孩子。最后祝全体少先队员同学们、全体小朋友们学习进步！生活愉快！身体健康！

大朋友雷锋

雷锋出名

从入伍到立功，前期大家对雷锋的认识只是一个好人、好兵。工兵十团在汇报提纲《雷锋同志在部队的成长》中总结说：“我们对雷锋的认识也是逐步加深、逐步提高的。……开始我们对雷锋只是作为一般的好人好事进行宣传，这是第一个阶段，这个阶段虽然起了一些积极的作用，但印象不深。”从这段总结里，我们可以看到：即便是在当时，对学雷锋做好事、节约也是有不同议论的。学雷锋，到底学什么？如果只是停留在形式上的模仿，是没有说服力和生命力的。

那么是什么让工兵十团提升了对学雷锋的认识的呢？这还要从团部收到的两封信开始。

1960 年八九月间，团政治处先后收到了辽阳市委以及望花区和平人民公社寄来的两封感谢信。

公社来信的大意是：你部战士雷锋把自己的 100 元钱支援给公社，他这种热爱集体的精神使我们深受感动。信中还说，雷锋支援我们的不是 100 元钱，是鼓舞我公社全体人民建设社会主义的精神财富，建议部队领导给予表彰。

辽阳市委的信中说：雷锋同志在我们遭受特大水灾之时，给我们来信并寄来 100 元钱，从道义上和财力上支援我们灾区，这种崇高的阶级友爱精神，说明了我们的人民解放军有着一贯的与人民同甘苦共患难的光荣传统。雷锋同志有着至高无上的共产主义品质，是党和部队长期教育的结果。

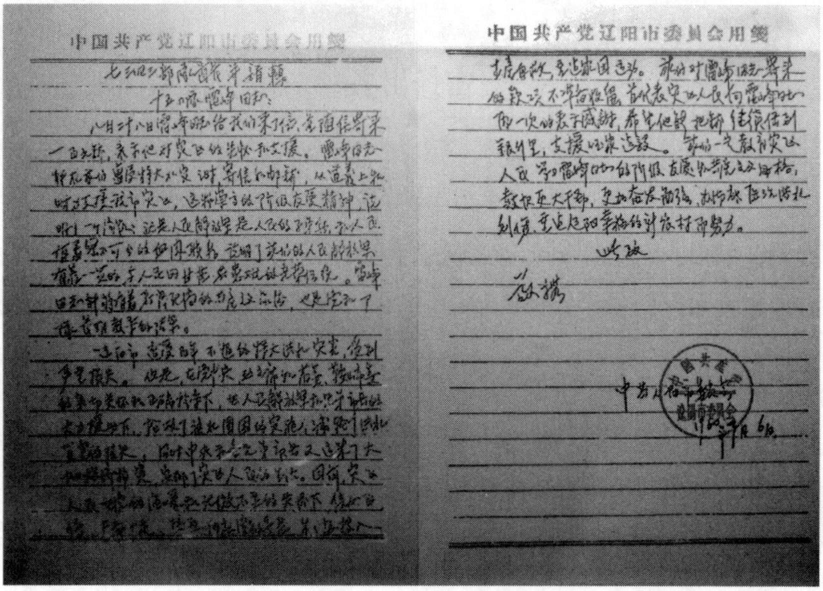
中国共产党辽阳市委员会用笺

中国共产党辽阳市委员会用笺

辽阳市委写给部队感谢雷锋为灾区捐款的信

政治处的同志看完信后，既感动又惊奇，在那个年代200块钱可不是个小数目，一个普通的战士要省吃俭用多长时间才能攒出这个钱呀。而在人民公社成立和灾区困难之际，他能一下子拿出这么多钱来支援公社和灾区，这是一种什么样的精神！

那时，运输连和团部驻地只隔一条马路，雷锋白天出车没有时间，吴广信和庞士元便让雷锋晚上来他们宿舍，了解这两件事情的经过。

原来，有一天雷锋上街去理发，见到街上敲锣打鼓放鞭炮，庆祝抚顺市望花区和平人民公社成立。他想，自己能够为成立的公社做点儿什么呢？就立刻跑到储蓄所把自己积攒下来的200元钱取出来，送到了望花区和平人民公社办公室。他把钱放到办公桌上，对公社办公室的同志说："这是我对望花区人民的一点儿心意，请收下吧。"公社办公室的同志很感动："同志，你热爱公社的一片心意，我们收下。可是钱我们不能收，还是留着你自己用或是寄回家吧。"这句话触动了雷锋的心，雷锋诚恳地说："人民公社就是我的家呀，我的钱就是给家里用的。假如我父母还活着，我相信他们一定不会拒绝一个儿子给的钱。"他又说："这钱是人民给我的，就让它为人民的事业发挥一点儿作用吧。"在雷锋的苦苦要求下，公社办公室的同志只收下了100元钱。

事隔不久，雷锋在报纸上看到一条消息，辽阳地区遭受了百年不遇的特大洪灾，党中央和毛主席派飞机给灾区人民送粮和衣物。他想到自己还有些积蓄，急忙写了一封信，冒雨跑到邮局给灾区寄去了100元钱。

望花区成立人民公社，我把平时节约下来的100元钱，支援了他们；辽阳市遭受了洪水的灾害，我把省吃俭用积存的100元钱寄给了辽阳灾区人民。有些人说我是"傻子"，是不对的。我要做一个有利于人民、有利于国家的人。如果说这是"傻子"，那我是甘心愿意做这样的"傻子"的。革命需要这样的"傻子"，建设也需要这样的"傻子"。我就是长着一个心眼，我一心向着党，向着社会主义，向着共产主义。

——《雷锋日记》1960年8月20日

弄清了缘由，吴广信和庞士元非常感动。

通过这次谈话，他们进一步了解了雷锋的思想本质，真正认识了雷锋。如果说过去觉得雷锋做好事是对党和新中国的朴素感情，而现在却

雷锋同志经常来我们所存钱。有一天，雷锋又来存了钱，由于没有其他储户，我就和他拉起了家常。我问他是什么地方人，家里还有什么人。雷锋说："我是湖南人，父母都不在了。"我看他那副表情，感到不应该多问这些，就转了话题说："你还挺能攒钱呀，一个月部队给多少津贴？"雷锋说："每月部队给6元钱，我除了买书、买牙膏，别的也没什么花销，穿的用的部队都给发，这钱也用不着，存在这里支援国家经济建设也能发挥点儿作用。"我又说："一个月6元钱，你攒了90多元钱真不容易呀。"雷锋回答说："我是今年1月份参军的，参军前我在鞍钢工作，开推土机工资不少。"这时我才明白，雷锋那次存的90多元，是在鞍钢时攒的，他这种艰苦朴素的精神令人钦佩。

记得那是1960年8月的一天，大街上敲锣打鼓庆祝望花区和平人民公社成立。只见雷锋同志推门进来，我们见他走来就热情地对他说："雷锋同志又存钱来了？"雷锋笑着回答说："不，这回来取钱。""取钱？取多少？""200元。"我们一听取200元，心里有点儿纳闷，一个平时很节俭的战士，干吗取这么多钱？便顺口又问了一句："一定是家里有事急着用钱？""家里……对，是家里有急用。"当时雷锋的活期存款只有203元，我迅速地办理完取款，把200元交给了雷锋，雷锋说了声再见就匆匆走了。事后我们才知道，他把这200元钱捐给了人民公社。

更让我难忘的是1961年9月9日，雷锋又来到我们储蓄所，存入100元半年定期储蓄。这100元半年定期储蓄是雷锋的最后一笔存款，也是现在雷锋基金的本金。

——王玉珍

真真切切地感受到了一个普通士兵的阶级觉悟和崇高品德。雷锋是平凡的，又是高大的！

他们决心把雷锋的事迹整理出来，让更多的人向他学习。他们深入到运输连了解雷锋入伍后在连队的工作表现，干部战士又跟他们讲了许多雷锋勤俭节约和帮助别人的感人事迹。

表扬信装了两肥皂盒 指导员高士祥说，八九月间，雷锋做的好事越来越多，连队收到感谢雷锋的信就装了两肥皂盒。高士祥曾问雷锋："你为什么这么做，这样想？"雷锋回答得很朴实："我也不知道怎么回事，我只知道我生在旧社会，成长在新社会，只知道共产党好，社会主义好，劲往集体使，我们这样不是更幸福吗？"

谁给我家寄钱了？ 雷锋同班战友小周是个很乐观的小伙子，有一天接到家信后，脸上突然失去了笑容。后来，雷锋得知小周的父亲病了，希望小周寄些钱给老人治病，但小周手头拮据，没钱寄给家里。小周平时工作积极，从来不谈个人问题，更不想让连队救济。雷锋就悄悄地以小周的名义给他家写了一封信，并寄去了 20 元钱。不久，小周接到家里来信，信上写道：你寄来的钱收到了，正好用作医疗费，父亲病见好，你安心工作吧，不要惦记家里。小周有点儿纳闷："谁给我家寄钱了？"后来，他知道这钱是雷锋寄的，心里十分感动。

找小乔 雷锋爱读书，用自己的津贴买了许多书装在挎包里供大家阅读。书多了挎包装不下，就做了个小书架，战友们称之为小图书馆。大家还编了一首快板诗赞扬他："不用上书店，不用把腿跑，不用借书证，不用打借条，你要想看书，就把雷锋找，小小图书馆，读者真不少，上自连长，下到小乔，小乔看不懂，雷锋把他找，念给他听，指给他瞧，两个小战士，团结得真好。”这个小乔指的就是乔安山。

雷锋是“小抠” 帮助别人的时候，雷锋慷慨大方，而对自己，雷锋却很吝啬。部队开运动会，许多人买汽水喝，雷锋舍不得花那几毛钱，只喝工作人员送来的白开水。有些战士说雷锋是“小抠”。有一次，他开车行驶在路上，突然停了下来，拉开车门跑了下去。大家以为发生了什么事，结果，他把路边不知是谁撒下的一小堆水泥，用手绢包了拿上车。这件事传出去有人还取笑他，雷锋反而把这件事做大了。他发现每次往工地运送水泥后，车厢里都会遗留一些水泥，开始是他一个人拿着扫帚扫，后来是带动全班扫车厢，从扫自己的车，发展到扫全连的车，

雷锋辅导乔安山学习毛主席著作

雷锋带领战友们清扫撒在车厢里的水泥

光这一项就收集了1000多斤水泥。后来这些水泥还真派上了用场，运输连路面凹凸不平，打扫卫生很困难，他们就用这些捡来的水泥铺平了运输连的路面。

在同运输连干部战士的交谈当中，一个更加清晰的形象出现在吴广信他们眼前：雷锋，小个子士兵，脸上总是挂着微笑，一天忙到晚，不是工作就是学习，浑身有使不完的劲；见别人有困难就帮，见有危险就上；听到赞扬不骄傲，碰到讽刺不在乎，心态好，有股子可爱的傻劲；对党、对军队、对人民，可以贡献自己的一切。

根据座谈的情况，吴广信组织庞士元和陈广生整理了一份《雷锋同志模范事迹》材料，报给韩政委和刘主任。韩政委说："雷锋的文化程度不低呀，让他自己改改吧。"陈广生把稿子拿给雷锋，雷锋看后把标题改为《解放后我有了家，我的母亲就是党》。经过团党委研究，一致决定树立雷锋为"节约标兵"，并把他的事迹材料上报军区工程兵党委。

说到改标题，陈广生说："我一辈子没放弃宣传雷锋精神，就是雷锋的这两句话触动了我。"1961 年 1 月，陈广生写了一篇关于雷锋的报告文学，题为《向阳坡上长劲苗》，37000 字，编辑说太长，让压缩到 10000 字。正在北京写《地雷战》剧本的陈广生不愿意删，这篇报告文学也就放下了。一年以后，陈广生回到团里，韩万金政委对他说："你离开这一年多，雷锋又有了新发展，立了功，当了班长，还是抚顺市人大代表，我看你写 37000 字不是长了，而是短了，你把别的事放下，专门写雷锋吧。"运输连当时正进行国防施工，陈广生找雷锋采访，雷锋总是说出车忙，婉言拒绝。陈广生也不客气了，把乔安山从车上拉下去，对雷锋说："我和你出车，给你当助手，我跟车采访。"在车上，雷锋诚恳地对陈广生说："别再写我了，我才当兵不到两年，哪有什么先进事迹，都是一个战士应该干的，都是为人民服务。”陈广生说：“对雷锋精神的诠释可以拉一车，但我看就这几个字最合适——‘全心全意为人民服务’。”

——作者采访笔记

伯乐识马

从发现雷锋到树为典型，伯乐可不止一个。雷锋最终能成为全国人民学习的榜样，除了他本人的优秀外，还和发现、培养他的伯乐们分不开。韩万金政委就曾直言不讳地说过一段实实在在的话：“我们除党委经常研究对雷锋的培养教育外，并专门指定一名常委帮助他。如果领导不扶持，不大力支持，雷锋可能也成不了‘雷锋’。”

也就在1960年的夏季，沈阳军区工程兵落实军委和总政关于机关干部下基层的“456”制度，即军机关下基层每年不少于四个月，师不少于五个月，团不少于六个月。军区工程兵政治部副主任王寄语听到雷锋的事迹后，专程下到工兵十团深入了解雷锋的情况，并在军区工程兵党委会上做了专题汇报。

我第一次接触雷锋，是在1960年的7月份，工程兵部队在丹东召开体育运动大会，我曾单独同他进行过交谈。从谈话中更使我了解到，雷锋确实是一个很不平凡的兵，他对党，对社会主义，特别是对毛主席的深厚感情，从他的每句话中都能听出来。他的思想觉悟高，对问题认识敏捷，心怀国家，关心集体。我将调查的材料和搜集的资料带回机关，首先向军区工程兵主任、党委书记王良太同志做了一次简要汇报。

——王寄语

军区工程兵主任王良太边听着机关同志介绍雷锋的事迹，边在笔记本上做着记录，这位1933年就参加中国工农红军的老同志激动了，他说："雷锋是个新战士，但他的这种奉献精神令我们这些革命几十年的老同志都深为震动和敬佩。"王良太还说："我和常委

沈阳军区工程兵主任王良太少将向雷锋赠送《毛泽东选集》

其他同志认为，雷锋这个典型是成熟的，站得住的，应大力宣传、推广。”

雷锋的这些事迹，在我们党委成员中引起了强烈反响。这些年来，我们的部队初春上山施工，干部战士夜以继日地在坑道里作业，入冬后下山整训，抓思想作风建设，抓第二年的施工技术、物资准备。为了保证完成艰巨的任务，我们除了抓好上级布置的政治教育思想工作外，每年都要结合部队任务的特点，进行热爱工程兵、热爱山区、热爱劳动的苦乐观、生死观教育。雷锋的出现使我们获得了一种新的教育自己、说服群众的推动力，当时我还未同他直接见过面，大家都说他是个小个子，我突然间觉得他的形象是高大的，他已经站在了我们的前面，似乎他就是我们工程兵队伍中的一名排头兵。

——王良太

1960年11月8日，运输连支部党员大会通过雷锋入党申请。1960年11月9日，工兵十团技术营党委批准雷锋为中国共产党预备党员。

1960年11月23日，沈阳军区工程兵党委授予雷锋“模范共青团员”荣誉称号。同日，沈阳军区政治部做出了《关于在部队中开展学雷锋、赶雷锋运动的指示》，并转发了《关于运用雷锋的典型事迹做活教材，配合部队当前教育的报告》。

沈阳军区《前进》报总编辑稽炳前在看到反映雷锋事迹的材料《解放后我有了家，我的母亲就是党》的同时，还收到了一篇反映雷锋事迹的自发来稿。他把新华社驻辽宁分社的军事记者佟希文和李健羽叫到报社，把稿子递给他们说：你们到雷锋所在的部队去好好挖掘挖掘。两位记者粗粗地翻了一下稿子，眼睛一亮，感到雷锋不简单，也非常可爱。于是，两位记者到了军区工程兵机关，见到王良太主任，请他给找一找雷锋是哪个部队的。王主任立刻回答说，雷锋是我们工兵十团运输连的一个新兵，他虽然年轻，但事迹很感人，这几天就在沈阳做忆苦思甜报告，你们可以去现场感受一下。

指导员高士祥指导雷锋填写入党申请书

我们听说雷锋要在辽宁师范大学做忆苦报告，决定现场去感受一下。雷锋到大学做报告那天，我们和学生坐在一起听。听雷锋讲到他的苦难身世，心里难过得受不了。雷锋不仅讲过去的苦，也讲党对他的培养，讲他现在的工作。……

会后，我们又找雷锋采访，他谈吐很实在。看了他带的三本日记和笔记，我们发现这个小伙子很注重学习。

稽炳前那天也听了报告，他激动地说，要报个大典型。

连队也有干部持相反的意见。有的干部说他爱出风头，做好事是给别人看的。那时候我们写东西很小心，就有意识地让两种意见的同志坐到一起交谈，接受我们的采访。大家心平气和地谈了半天，赞同雷锋的占多数，后来有看法的同志也逐渐信服了。

那时，解放也就是十年刚出头，大家已经开始意识到对青年一代的教育问题了。当时国家经济困难，国际环境也对我们不利，但是我们感觉到，只要有党在，有政治骨干力量在，有雷锋这样的好后生在，国家就能稳如泰山。稿子写好后，我们送给稽炳前看。他又拿给当时沈阳军区副政委兼政治部主任杜平看。后来见报的时候，我们起的题目《党的好后生》被改作了《毛主席的好战士》。

——佟希文　李健羽

记者原拟的标题是谁改的呢？

原来，11 月 24 日，稽炳前将准备发表的文章《党的好后生》送给沈阳军区副政委兼政治部主任杜平审阅，杜平看完稿件，挥笔写下了“毛主席的好战士”的标题，并做了一大段批示：“雷锋同志受的苦难，是整个阶级、民族的苦难。在解放前，有像雷锋同志那样遭遇的人比比皆是，他只是千千万万受苦受难人中的一个。解放后，全国人民在党和毛主席的领导下，彻底翻了身，正为建设美好幸福的新生活而忘我地劳动，可是有的人竟在短短的11年中忘了本，身在福中不知福。因此，雷锋同志这种精神显得十分重要，值得学习。”两天之后，也就是1960年11月26日，沈阳军区《前进》报从一版头条开头，用两个整版篇幅，套红刊登了雷锋事迹报道——《毛主席的好战士》（张峻、赵志华、佟希文、李健羽集体采写）。在一版的右上方刊登了杜平的批示。

杜平，曾任志愿军政治部主任，组织宣传过黄继光、邱少云、罗盛教的英雄事迹，善于运用先进典型推动工作，鼓舞部队士气。看到雷锋事迹后，他说：“一个人入伍前，当工人时，多次被评为红旗手、劳动模范、先进工作者；入伍后，工作学习一直表现优异，当年被评为节约标兵、模范共青团员，做了很多好事从不留下姓名，这在和平时期建军史上是罕见的，这是一个很好的典型。”他在工作组上报的材料上批示：“雷锋精神十分重要，值得学习。”

杜 平

这篇稿件在《前进》报上刊登的同时，也发给了新华总社和《解

1960年11月26日，刊登雷锋事迹报道和杜平批示的沈阳军区《前进》报

放军报》《辽宁日报》《辽宁共青团员报》《辽宁工人报》《沈阳日报》等报社。后来各报在刊登时，把标题都做了修改。《解放军报》12 月 13 日刊登在第二版，题目叫《茁壮的新苗》，《辽宁日报》叫《红色的战士》，新华社发稿的题目是《苦孩子成长为优秀战士》。与此同时，沈阳军区工程兵提出了“学雷锋、赶雷锋、超雷锋”的口号。

万紫千红战友情

乔安山曾是弓长岭矿第二炼铁厂的工人。1960 年，乔安山和雷锋一起入伍。新兵训练结束后，雷锋分到四班，乔安山分到了九班。乔安山作风散漫、大大咧咧，班长对他很是头疼。连首长得知雷锋与乔安山在入伍前是工友后，为了给乔安山改变环境，同时也锻炼雷锋，决定把乔安山调到雷锋所在的四班。对乔安山的到来，四班的同志也有意见，怕影响“四好班”的评比。

乔安山来到四班后，心里也有气，继续泡病号压铺板。而雷锋领会了连首长的意图，主动要求乔安山给自己当助手，与他结成一帮一的帮教对子，同开一台车，每天吃住在一起。乔安山病了，雷锋给他买水果吃、送病号饭。乔安山的衣服脏了，雷锋悄悄地帮他洗好晾干。乔安山母亲生病了，雷锋偷着以乔安山的名义往他家里寄钱。连队组织学文化，乔安山打起了退堂鼓，说：“我脑子笨，消化不了加减乘除。”雷锋告诉他，笨不笨是实践不实践的关系，天下无难事，就看你干不干。雷锋还送给乔安山一个本子和一支钢笔，鼓励他学文化。

雷锋手把手地教乔安山学驾驶技术，像摇车把、检修车这些脏累活雷锋都抢着干……雷锋耐心的说服教育和一言一行的带领，像一盆火温暖了乔安山的身心。乔安山有了很大的进步，四班也因团结一心、互帮互助被评为“四好班”。

1960 年，张三明从邓州当兵入伍，被分配到雷锋所在团的三营七连。因为表现特别突出，只当了 14 个月兵，他就被提拔为副班长，还入了党。当时，全团已经开展向优秀士兵雷锋学习的活动。张三明作为连里的“学雷锋积极分子”，其事迹被指导员汇报到营里。没想到，营长一听，高兴了，说：“正好运输连里缺个马车兵，好些兵都不愿干。你们连有这么个好兵，那就让他去赶马车吧！”就这样，张三明因为“表现特别突出”，不仅没有被提升为班长，反倒从副班长的位子“降”下来，当了“马车夫”。

“表现好，反而弄去赶马车，这是什么道理？”张三明想不通。可

雷锋（二排右四）和汽车排战友合影

又一想，调到运输连去，可以和全团学习的榜样雷锋在一起搞运输，也许可以从他身上学到好多东西哩。他喜忧参半地打起背包，来到雷锋所在的运输连。雷锋在汽车排，他在马车排。

几天后，张三明赶着马车到七连送菜，雷锋也开着汽车往七连送粮。俩人到七连时，炊事班正在做豆腐。炊事员为他俩各端上一碗热腾腾的豆腐脑，作为“慰劳”。那年月，正是“艰苦岁月”的末期，群众生活苦，军营也好过不到哪儿去。吃碗豆腐脑，比今天吃碗大鱼大肉还难得。回到了老连队，张三明不客气，端起碗就吃。可雷锋怎么也不肯吃，说：“这是多吃多占，侵占士兵利益。”从一碗豆腐脑，张三明看到了自己跟雷锋的“差距”。

帮着连队卸完菜和粮，俩人坐下来喘口气。雷锋和蔼地笑着问道：“三明，怎么样，刚到马车排，工作还顺心吧，有什么想法呀？”

张三明看看雷锋的汽车，又看看自己的马车，同样都是兵，人家开汽车，自己赶马车，一个神气，一个霉气。他心里挺不是个滋味，便没好气地回答：“赶个烂马车，有啥可以不可以的？军人服从命令听指挥呗！”“我开汽车送粮，你赶马车送菜，不都是为连队官兵服务吗？人的工作可以平凡，但志向不可以平庸。革命工作有干这干那之分，可没有高低贵贱之别。干啥不都是为人民服务吗？”雷锋这番朴朴实实的话语，深深地打动了张三明。回运输连的路上，他还一直想着雷锋的话，想着那碗豆腐脑。那时，刚从农村娃子当兵一年多的

被邓州市民誉为“园林骆驼”的张三明

张三明，还不知道“精神境界”这个词，只是知道战友雷锋的“思想水平”的确比别人高。

打这以后，张三明不愿赶马车的思想包袱卸下了。

雷锋帮助人就像和你拉话一样，我当时心里不通，态度不好，但雷锋笑笑，耐心地给咱讲道理。从此我安心赶马车，那一干就干了八年。

——张三明

有这么一件事，让张天玉、唐天理俩人永生难忘。

那是一个冬日的上午，连里派公差，让张天玉、唐天理等五名士兵，乘坐雷锋开的解放牌汽车，到离抚顺市50多里外的一个山村里，给连队拉冬贮大白菜。那天，刮五六级的东北风，还下着小雨，天寒地冻。张天玉、唐天理他们蜷缩在车厢里，冻得直打哆嗦。风大，路滑，中午他们才赶到菜地。等到把菜装好车时，已是下午2点了。老乡招呼他们：“都过饭点了，吃了饭再走吧，也能热乎点儿。”说实话，他们几个人都饿得发慌，真巴不得吃两碗热饭再走。可张天玉、唐天理多次跟着雷锋往其他连队送给养，知道雷锋是从来不在外边吃公饭的，只吃自带的干馍。大伙儿站着不吱声，等着雷锋发话。不出所料，雷锋谢绝了老乡的邀请，招呼大伙儿上车走。

大冷的天，大下午了，饭没吃成，又冻又饿，大伙儿有怨气，都噘着嘴不说话。

“伙计们，是不是饿得说不动话了？”雷锋看在眼里，边开车边问大伙儿。

“人是铁，饭是钢，一顿不吃饿得慌。”张天玉是个直杠子脾气，硬硬邦邦地回了一句。

雷锋冲张天玉笑笑，没再说话。当车经过一个小镇时，雷锋突然把车停在了路边。开始，大伙儿以为是车出了故障，都嘀咕：“今天真是倒霉透了！”谁知，雷锋停稳车，就招呼大家下车吃饭。车上的几个兵，你看看我，我瞧瞧你，身上都没带一分钱，咋吃饭呢？

这时，一名老兵早已饿得憋不住了，“噌”地跳下车，冲着雷锋说：“我们都没带钱，咋吃饭？咱们不是拉这么大一车白菜吗？干脆拿几棵换点儿饭吃得了。只要咱们不往外讲，谁都不知道。”

“我看这行，我看这行。”几个战士随声附和。

“绝对不行！”一向谦和的雷锋，突然变得严肃起来，一字一板地说，“这是公家的东西，咱不能沾。咱是军人，不管啥时候，都得堂堂正正，光明磊落，损害集体利益的事，绝不能干。今天这顿饭，我管。”雷锋领着大伙儿走进路边的食堂，要了五碗大米饭，随车的五名战士一人一碗，而他自己却借故肚子不舒服没有吃。

当时，大伙挺奇怪。事后才知道，雷锋当天身上带的钱，只够买五碗饭。

几十年过去了，这个“白菜与米饭”的故事，却一直让张天玉、唐天理忘不了。像雷锋那样“堂堂正正做人，凛凛正气一生”，成为他俩用行动浇铸的座右铭。

于彦斌，和雷锋同年生，比雷锋大几个月，和雷锋一批入伍到工兵十团。现在的他，一身旧军装，黝黑的脸上布满了皱纹，如果不说他是雷锋的战友，人们会认为他是个山沟里放牛的小老头，但他讲起话来眼里有神，语言幽默，四六句一套一套地叫人听得带劲。

于彦斌也是小个子，力气小，投弹过不了关，总拖大家后腿，老挨排长批评。于彦斌闹开了思想情绪，装头痛、肚子痛。雷锋知道了，就拿着《解放军报》《前进》报读给于彦斌听，还说："平时多流汗，战时少流血，你不练一身过硬的军事本领，怎么上战场？怎么保卫祖国？"于彦斌问："我个子小，你个子也小，你怎么投过关的？"雷锋回答："我开始也不行，胳膊都练肿了。"雷锋毫不保留地把自己作难的经历告诉了于彦斌，令其大为感动，使他明白了勤能补拙、功夫不负有心人的道理。

雷锋讲话真是将心比心。连他这个模范在工作和训练中都有难关要过，何况我这个新兵呢！碰到难关就缩头，还是个男子汉吗！我得向他学习。于是，我就跟他说："我不闹思想情绪，我也不装头痛、肚子痛，如果真把我送卫生队不就麻烦了，家里知道了也着急。"雷锋说："对呀，我连个家都没有，你不是还有个家吗？你要好好干，给家乡争光。"

雷锋对我真关心。有一次，我要缝被子。刚巧那段时间手被划伤了，绷着绷带。我只好把被子摊开，用一只手慢慢缝，缝得像蚯蚓乱拱一样。这时，雷锋出车回来了，到跟前一看，说："你缝被子都是这样缝的吗？"我说："在俺家都是娘缝，谁自己缝呀？"他说："我给你缝，我给你缝，来来。"他把被子套到里面，用手平平，用粉笔画三道印，用东北的长针，从顶上拉到底下。他给我缝好被子，我说："雷锋，你能获（活）一百岁。”他问：“你们河南话啥叫获一百岁？”我回答：“能活大岁数。”他乐了：“阶级兄弟嘛，这是应该做的，不要奉承啊。”

——于彦斌

本色依旧

成为典型的雷锋本色依旧，为人还是那样的直率，那样的热情。

工兵十团连以上干部在沈阳开完会回到抚顺驻地没几天，团里就收到了军区工程兵党委授予雷锋同志“模范共青团员”称号的决定。当时，团政治处正在筹备召开全团年终总结立功授奖大会，全团有40多人立功，立二等功的只有两个人，一个是雷锋，一个是一连老战士刘喜合。

团里准备让雷锋在全团授奖大会上讲话。组织股长赵玉瑞找到雷锋，问他有什么意见和打算，雷锋思索了一会儿，说：“我入伍不到一年，工作并不突出，只是做了应该做的事情，和英雄模范人物差得很远，今后我努力向英模人物学习，党委给我记二等功是对我的鼓励，更是对我的鞭策……关于让我代表立功者讲话，我可以讲，但不一定能够代表大家，我只是表表态下个保证。”赵玉瑞心里暗想，这个苗子选对了！

今天我感到非常荣幸，同时又感到十分惭愧。荣幸的是我有了慈祥的母亲——伟大的中国共产党和英明的毛主席对我的不断培养教育，使我从一个穷孩子成长为一个有一定知识和觉悟的光荣的共产党员，成了国家的主人，有了我说话的权利；惭愧的是，我为党为人民尽了一点点本身应尽的义务，党和人民却给了我这么大的荣誉……

——雷锋《在授奖大会上的发言》1960 年 11 月 27 日

1961 年的 5 月，抚顺市即将召开第四届人民代表大会。许多认识雷锋的居民、老师和学生都提出要推选雷锋当市人大代表。本溪路小学一位老师和两个学生拿着学校介绍信到运输连，征求部队对他们学校推选雷锋当人大代表的意见；驻地附近一位叫张士霞的大娘和几位妇女也来连队说她们要选雷锋当人大代表……

来连里蹲点的组织股长赵玉瑞知道了这件事。他回团部把这件事向韩政委做了汇报，韩政委听了立刻说：“这下好办了。”原来，团里也有一个人大代表的名额，团里正商量是推荐一个干部，还是推荐一个先进士兵。韩政委说：“雷锋为人民群众做了不少好事，人民群众提出推选他当人民代表，这是民意。答复本溪路小学，我们部队自己选。”

第二天，团里召开全团施工动员大会，把“通过代表候选人”这项内容加了进去。在野外的一个山坡上，赵玉瑞宣读抚顺市人民委员会的通知后，韩政委说了驻地群众和本溪路小学推选雷锋的意见，请全团同志酝酿一下，然后举手表决。

这时坡上坡下，叽叽喳喳地议论了一会儿，我看议论得也差不多了，高声喊道：“选举雷锋同志为抚顺市第四届人民代表，大家有意见没有？”当时全团 1000 多人异口同声地回答：“没有。”并且都举起了手。

我在台上看到雷锋坐在队伍的前面，他没有举手。

——赵玉瑞

雷锋参加抚顺市第四届人民代表大会的留影

1961年5月，在驻地附近群众的要求以及十团官兵的推荐下，雷锋作为工兵十团唯一候选人，当选为抚顺市第四届人民代表大会代表。

7月31日至8月3日，雷锋到抚顺宾馆参加人代会。会上，雷锋依旧和平时一样，帮年纪大的代表扫地、打开水。住在他隔壁的六个老太太一下子就喜欢上了这个勤快的小战士，吃饭时，总是悄悄地把他的名签换到她们这一桌。

8月1日是解放军的节日，雷锋抽空到照相馆拍下了一张照片。照片上的雷锋戴着奖章，手拿会议材料袋。这天，雷锋还做了一首诗，写在这个文件袋上：“过去当牛马，今天做主人。参加代表会，讨论大事情。人民有权利，选举自己人。掌握刀把子，专政对敌人。衷心拥护党，革命永继承。哪怕进刀山，永远不变心。”

会后，抚顺市领导给每个代表送了一斤苹果。这在当时是非常珍贵的礼物，雷锋舍不得吃，会议一结束，他就把苹果送给了住在团卫生连的伤病员。

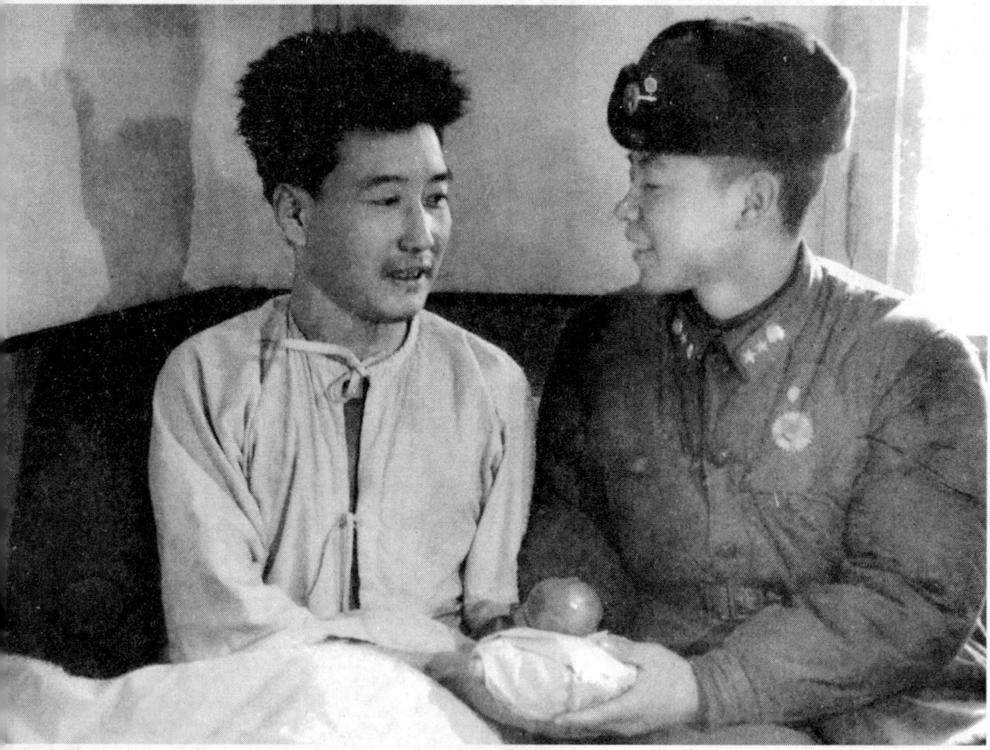

雷锋把中秋节发给自己的月饼、苹果送给抚顺市西部职工医院的住院病人

1962年2月5日，大年初一，这是雷锋在部队过的第三个春节，也是他人生的最后一个春节。运输连里欢声笑语，战士们有的打球，有

的下棋。这一年，生活也明显地有所改善，部队吃饭已经不要求大家定量了，还时常能吃上个肉包子。

雷锋和战友们打了两局乒乓球后就待不住了。入伍这两年的节假日，雷锋总是到火车站做好事，隔段时间不去，他就会觉得少做了点儿什么，火车站的人也会打听他最近上哪里去了。雷锋向副连长请了假，直奔抚顺火车站。到车站时，刚好有一列火车进站，一个老太太吃力地背着一个大包袱上车，雷锋急忙跑上去接过那个老太太的包袱，送她上车，给她找了个座位，自己才下车。接着，雷锋回到候车室打扫卫生，给旅客们倒开水，旅客们纷纷说："解放军真好。"车站主任说："小雷呀，过年了，你就休息休息吧。"雷锋说："你们也没休息嘛，这累不着。"

春节过后，沈阳军区召开首届共青团代表大会的通知下发到团里，这时，雷锋因为已经是共产党员了，便作为特邀代表参加了这次会议，同团的邓州籍战士宋清梅作为代表也一起参加了这次会议。

开会期间，我和雷锋住在一个房间。第二天早上，我还没起床，雷锋就出门了，等他回来时，我说："雷锋，快洗脸，要吃饭了。"雷锋应了声"好"就又不见了，我想雷锋是特邀代表，是不是在小食堂里吃饭。结果，我快吃完饭了，看到他还在炊事班帮着端盆子、刷盘子。人家积极得很，一会儿也闲不住。

——宋清梅

会议期间，找雷锋座谈的、采访的，请他做报告的、签字的人很多，宋清梅请雷锋也给签一个名，雷锋接过本子，工工整整地写下了："亲爱的宋清梅同志，送你几句话：一个革命者，就应该把自己的毕生精力和整个生命为人类的解放事业——共产主义献出来。”

1962年2月19日，雷锋以特邀代表的身份在沈阳军区首届共青团代表大会上发言

雷锋的事迹被宣传后，应邀外出的活动很多，前后有半年多的时间不在连队。雷锋是个汽车兵，如果驾驶技术跟不上怎么办？当时十团有两种意见：一种是怕开车出事故，怕技术差，评不上五好战士，建议调离运输连，到工兵连队去；另一种是坚决让雷锋在艰苦环境中锻炼，不仅要思想好，而且要技术过硬。

事实证明，在荣誉面前，雷锋经受住了考验。他只用了五个多月的时间，就完成了八个月的科目，被评为五级驾驶员、二级技术能手。

他贴在驾驶室的五个字“十快九出事”至今还是“雷锋班”行车安全警语。

{ 热点互动

雷锋学谁？

从雷锋的日记中可以看到，在他的成长过程中，对他产生影响的人，既有战争年代的英雄人物董存瑞、黄继光等，也有和平年代的先进模范人物，还有身边的领导、同事和战友。其中，张兴玉、韩万金对他的成长起了关键性作用。

雷锋学县委书记张兴玉。有一次，雷锋跟着张书记下乡，看到一户农民生计艰难，张书记就掏出15块钱留给这户人家。雷锋一看，也掏出了两张五块钱。张书记说：“我给他就行了，你不用给了，你钱少。”雷锋说：“书记，您一家七口，平均起来还没有我多，我也要给！”雷锋从这个扶贫济困的“模仿”开始，学着张书记帮助弱者，资助同事、战友，最终形成了“活着，就是为了使别人过得更美好”的人生哲学。

雷锋学韩万金。韩万金是雷锋生前所在团的政委。三年自然灾害期间，韩万金把全家人节衣缩食省下来的2000元钱存款交了党费。辽东发大水，他又把一个月的工资寄给灾区。他的事迹感动了全团官兵。雷锋在辽阳水灾和人民公社成立时，也把自己省吃俭用的钱寄给了灾区和人民公社。后来，有人说雷锋是“傻子”，雷锋在日记里回答：“革命需要这样的‘傻子’，建设也需要这样的‘傻子’……”

老百姓常讲：“火车跑得快，全靠车头带。”当兵的爱说：“有什么样的干部，带什么样的兵。”孔夫子曰：“政者，正也。子帅以正，孰敢不正。”这些话说的都是一个理儿：领导带头走正道，就是最好的号召力。

现实生活中，有的人说得比唱得好听，但就是做不到；还有的人说一套做一套，言行不一。他们的行为不仅使我们党的好政策大打折扣，更是损害了社会风气。

在毛主席著作中，“为人民服务”五个字出现频率颇高，而他本人就是一个全心全意为人民服务的楷模。在战争年代，他一家五位亲人为革命献身，新中国成立后，他又带头把自己的儿子送上抗美援朝前线。他满怀激情地写下了“向雷锋同志学习”的题词，同时又要求自己“我也要向雷锋学习”。他说，领导干部带头学，才能形成好风气。

习近平总书记在新一届中央政治局常委同中外记者见面会上讲到“打铁还需自身硬”。“打铁人”要想腰杆硬，必须有信仰。习总书记还指出：“理想信念就是共产党人精神上的‘钙’，没有理想信念，理想信念不坚定，精神上就会‘缺钙’，就会得‘软骨病’。”

实践证明，道德建设，领导干部的官德人品尤其重要。学习雷锋，领导干部必须走在前、做在前。

05

第五张名片 哲学雷锋

ZHEXUELEIFENG

毛泽东主席在看过雷锋日记以后说：“此人懂得一点哲学。”

雷锋，

一个只有小学文化程度的农村孩子，

他的日记中会有什么惊世骇俗的内容，

使一个伟大的思想家、哲学家做出了这样的评价呢？

雷锋日记是50、60、70、80、90、00后在上学期间读过的必修课，50、60、70后更是曾经把它当作日记范本模仿记录下自己青春的记忆。今天，当我们走过激情、迎来富裕，却遇到迷茫、缺失的时候，当我们重新思索人生活法的时候，再打开雷锋日记，在普普通通的字里行间，我们看到了朴素的哲学、积极的生活态度。

感恩论

党和毛主席救了我的命，是我慈祥的母亲。当我想起党的恩情，恨不得立刻掏出自己的心。我们绝不能好了疮疤忘了疼，应该饮水思源。伟大的党啊，我要永远在你的身下尽忠效力，永做你忠实的儿子，人民的勤务员。

通读雷锋日记、书信及其诗歌散文，给人最深的印象就是雷锋对党、对毛主席、对人民那种深厚的感情，他有着一种朴实而又深刻的“感恩反哺”意识。

人民的困难，就是我的困难。帮助人民克服困难，贡献自己的一点力量，是我应尽的责任。我是主人，是广大劳苦大众当中的一员，我能帮助人民克服一点困难，是最幸福的。

——《雷锋日记》1961年9月11日

当个人利益与国家、党和人民的利益发生矛盾的时候，我就想起了过去家破人亡、受苦受难的苦日子，就感到党的恩情永远报答不完。

——《雷锋日记》1962年1月14日

我们每个人的幸福也依赖于祖国的繁荣。如果损害了祖国的利益，我们每个人就得不到幸福！

——《雷锋日记》1962年6月28日

雷锋的感恩反哺意识深深地烙着时代的印记，现在有些人觉得，他那种对共产党和毛主席的感恩之情，是个人崇拜；他讲的那些话，用现在的话语体系去衡量，有些人会觉得假，不习惯。但站在唯物主义历史观的角度去审视，雷锋的感恩之情是那个时代千千万万解放了的劳苦大众的共同情感、共同语言。

理解雷锋的感恩之情，也就是理解新中国开国时期千千万万人们的情感。同不能亵渎历史一样，人民的情感也是万万不能亵渎的。

雷锋日记

雷锋所处的时代是一个革命和建设的时代，从受压迫之苦，到享受翻身之喜，共产党给千千万万的劳动人民带来的是实实在在的利益和幸福，生活在这么一个充满理想和希望的新社会，新中国人民意气风发、斗志昂扬、激情燃烧，共产党、毛主席在人民中有着崇高的威望，为新中国成立而牺牲的先烈们，被人们所深深怀念。所以，雷锋的感恩跳出了传统的“一人一事”的感激，是对整个阶级和人民的感恩。

雷锋曾抄录和修改了一首诗，表达了他对拯救他命运的共产党的感激：“唱支山歌给党听，我把党来比母亲；母亲只生了我的身，党的光辉照我心。旧社会鞭子抽我身，母亲只会泪淋淋；共产党号召我闹革命，夺过鞭子揍敌人。”

《唱支山歌给党听》的原作者姚筱舟指出，当年《雷锋日记》被编印成册，上海音乐学院作曲家朱践耳看到雷锋日记里抄写的“唱支山歌给党听……”心情难以平静，很快谱成了曲子。并给当时正在上海音乐学院深造的才旦卓玛试唱，很快唱遍了全国。姚筱舟说：“我写的这首诗能成为歌词，是雷锋的功劳，雷锋摘抄时做了点石成金的修改。原诗中的‘母亲只能生我身’，改成了‘母亲只生了我的身’。另一句‘党号召我们闹革命’，改为‘共产党号召我闹革命’。同时，雷锋将原诗歌颂‘大跃进’的一段歌词删除了，这一删一改不仅主题更鲜明，而且更具有音乐的张力，更适合谱曲了。”姚筱舟还认为，他写的这首诗能成为一首歌，雷锋是“推荐人”，朱践耳是为雷锋日记谱曲的，才旦卓玛是为雷锋而唱的，是他们为这首短短的诗插上了飞翔的翅膀，成了传遍大江南北、唱红长城内外的民歌金曲。

——《雷锋全集》

雷锋在梦中多次梦见过毛主席。毛主席和雷锋都是湘潭人，两个家庭相距不远。雷锋从小就听彭德茂乡长讲过毛主席搭救穷人的故事。参加工作后，更是系统地学习了毛主席的著作，他和千千万万解放了的人民一样，把毛主席视为人民的大救星。在1959年10月的一篇日记中他写道："我在昨天晚上做梦就梦见了毛主席。他老人家像慈父般的抚摸着我的头，微笑地对我说：'好好学习，永远忠于党，忠于人民！'我高兴得说不出话来，只是流着感激的热泪。"

雷锋对毛主席的崇敬和感激，实质上是对毛主席领导的为人民服务的壮丽事业的感恩。他要把这种感恩化作报答人民的实际行动。

雷锋和"红领巾"

我接到河南省一个民办小学校的来信，他们说，因几年遭受自然灾害，造成了一些暂时的困难，要我给予他们经济帮助。我看了这封信后，就向首长请示，准备卖掉自己的衣服和皮鞋，以支援他们办学。当首长没有同意我这种做法的时候，我心里却感到很不安，连觉也睡不着，我左思右想，后来拿出自己在部队一年零九个月所集留下来的全部津贴费(100元)，支援了干沟民办小学校。我把钱寄去了，心里也就快活了。

——雷锋《入党转正申请书》1961年9月19日

以往，人们只知道雷锋捐给人民公社和灾区的两次捐款，这100元是怎么回事呢？2012年，经过了解，人们终于知道了这件事情的始末。河南省巩义市回郭镇干沟小学始建于1947年，已有60多年历史。1961年8月，该校教师刘知伦在报纸上看到雷锋助人为乐的报道后，给雷锋写了一封信，述说了学校办学面临的困难，希望雷锋给予帮助。雷锋收到信后，于9月11日通过邮局给干沟小学寄去了100元钱。这笔钱在当时不是一个小数目，它有力地支援了干沟小学的办学工作。雷锋一直牵挂着干沟小学，1962年还写信给学校，询问办学情况。

雷锋就是这样把人民的冷暖时刻放在心上，他像感恩生他养他的父母一样感恩人民，时时处处尽一个做儿子的心意。

对雷锋的感恩论，有一个方面非常值得注意和研究，那就是他特别强调将个人的感恩融入集体的事业中发挥更大的作用。他在1959年10月写下了一篇日记："1958年入厂的时候，我只是一个抱着感恩的思想埋头苦干的工人，在生产上只能做到完成自己的任务和达到每天的定额。……由于党的教育，我懂得了这个道理：一朵鲜花打扮不出美丽的春天，一个人先进总是单枪匹马，众人先进才能移山填海。”

除了借用“鲜花和春天”外，雷锋还用“滴水与大海”“丝与线”“木与林”比喻个人和集体的关系。他说，“一滴水，只有放进大海里，才永远不会干涸；一个人，只有当他把自己和集体事业融合在一起的时候才能最有力量”，“单丝不成线，独木不成林。一个人是办不了大事的，群众的事一定要发动群众、依靠群众来办”。

雷锋说到了，也做到了。他的思想和行动感染了他的同事、战友，并通过他们一代代传承下来。

雷锋班第19任班长李有宝曾遇到过这样一件事：1996年11月27日下午，他和两名战士从沈阳回抚顺，在火车站广场，看到一位妇女抱着孩子坐在地上哭泣。询问之下，得知她丢了钱，回不了家。李班长当即掏出100元钱让她去买车票。过后不久，雷锋班收到了一封夹着100元钱的信，署名“谢雷”。信中写道：尊敬的雷锋班班长，不知您是否记得，不久前您曾在沈阳火车站帮助过一名带小孩的妇女，我就是那名妇女。我在电视上得知您就是雷锋班班长，我很抱歉，因为我欺骗了您。……在您身上我看到了雷锋的精神，我决定送还这100元钱，并向您保证，要靠自己的劳动生活，而不是靠欺骗博取别人的同情。

在新世纪，雷锋班、雷锋团也更新了学雷锋的内容。他们由重视节日、纪念日，重视车站、街道、敬老院，转为随时、随地、随机，见好事就做，见困难就帮；由自发的、零散的行为，转为参加公益建设、帮扶弱势群体；由走南闯北作报告，转为依靠网络、数字化载体。

2010年2月26日，雷锋团启动了“雷锋存折续写行动”，两个小时内，雷锋存折的数字就突破了10万元。存款人，除了雷锋团的官兵，还有许多学生、企业员工、退休老人……以及曾经的受助者。截至2015年3月，“雷锋存折”共存款66.28万元。筹集来的捐款，全部用于救灾、扶贫、希望工程等项目上。雷锋团还开展了“网上续写雷锋日记”“网上续用雷锋节约箱”等活动。

从一个雷锋到千千万万个雷锋在成长，雷锋感恩反哺的精神在新时代延续，成为推动社会发展、人与人和谐相处的情感基石。

钉子论

有些人说工作忙、没有时间学习。我认为问题不在工作忙，而在于你愿不愿意学习，会不会挤时间。要学习的时间是有的，问题是我们善不善于挤，愿不愿意钻。一块好好的木板，上面一个眼也没有，但钉子为什么能钉进去呢？这就是靠压力硬挤进去的，硬钻进去的。由此看来，钉子有两个长处：一个是挤劲，一个是钻劲。我们在学习上，也要提倡这种“钉子”精神，善于挤和善于钻。

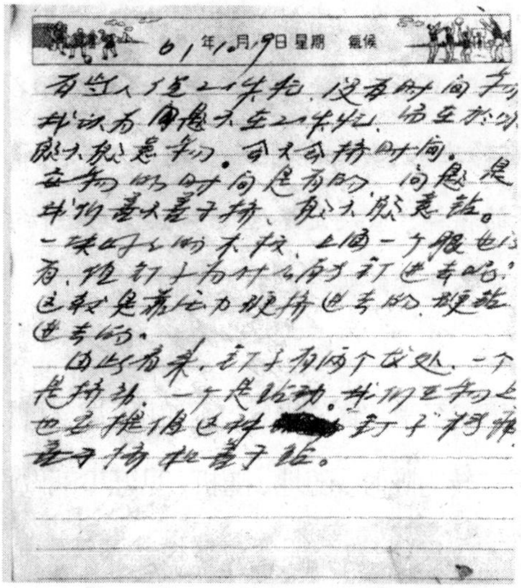

“钉子”手迹

雷锋的“钉子论”形象地

讲明了主观与客观、能动与被动的辩证关系，它强调了积极主动的进取精神。人的一生会遇到很多困难，在困难面前有时候你会表现得非常弱小，但是你只要有持之以恒的韧劲，就能“滴水穿石”。“只要功夫深，铁棒磨成针”的寓言，讲的就是这个道理。

时间紧，可以看一页是一页，积少成多。学习，不抓紧时间不行。

——《雷锋日记》1961 年 × 月 × 日

挤时间读书：早起点，晚睡点，饭前饭后挤一点，行军走路想着点，外出开会抓紧点，星期假日多学点。

如果不积累许多个半步，就不能走完千里。

——《雷锋日记》1961 年 4 月 × 日

无论在工厂还是在部队，朝气蓬勃的雷锋总是一副忙碌的身影，但是他无论再忙都会坚持学习，坚持记日记。工作忙，学习时间从哪里来？他从一颗小小的钉子受到启示，一块木板严丝合缝，钉子为什么会牢牢地扎进去呢？那就是坚韧的挤劲和钻劲。雷锋的“钉子论”，不仅在时间和空间的领域里发

雷锋挤时间学习《毛泽东选集》

挥作用，而且在实现自己青春理想的事业征途上，有着很强的推动力。

大家都知道雷锋是一个对事业有热情、有激情的人，他脸上洋溢着微笑，身上有一股使不完的劲。可是有谁想到，先天不足的小个子也给他造成了许多苦恼。选他当公务员，担心他瘦小的个子不被县委书记所看中，只能先试试；参军当兵，又因为个头瘦小，差一点儿进不了部队；当上了战士，还是因为个头瘦小，在军事训练上比别人多吃了许多苦头。同样，也因为个头小而受过委屈。

有一位姓韩的大个子战士，对雷锋受表扬很不服气。有一次，从车上卸粮食，他指着一麻袋200斤重的高粱米对雷锋说："哎，马列主义者，你不是很能干吗？来一袋试试？"雷锋听出这句话是讥讽他的，心里委屈，他问自己：我哪里做错了？

后来，这个小韩的棉裤被汽车电瓶里的硫酸烧了个大口子，当时天已经黑了，小韩又累又困，就钻进被窝里睡了。夜里，雷锋下岗回来无意中发现小韩的破棉裤，心想明天早上还要出操，不能让小韩穿着破裤子出去。他就连夜帮小韩缝补，还把自己帽子里的衬里缝在了破口上。第二天出操，小韩惊讶地说："我的破裤子怎么长起来了？"当他知道是雷锋给他缝补的时候很感动，对上次让雷锋扛麻袋的事很不好意思。雷锋却说："还提过去的事干什么呀。"严于律己，宽以待人。这就是雷锋的胸怀。

在雷锋1960年2月15日的日记当中，有这样一段记载："过去有人讽刺我说：'你积极有什么用，那么点的小个子，给你150斤的担子，你也担不起来。’我听了这话，还埋怨自己为什么长这么点小个子呢！”雷锋又写道：“‘一个人能力有大小，但只要有这点精神，就是一个高尚的人，一个纯粹的人，一个有道德的人，一个脱离了低级趣味的人，一个有益于人民的人。’这话给我很大鼓舞。个子小，我也要尽我自己最大的力量，做到毫不利己，专门利人，向伟大的国际主义战士白求恩学习。”

尺有所短，寸有所长。世界上既无完美之事，也无完美之人。钉子钻木板有劲，当千斤顶就不行。正确认识自己，学习和善待别人，用毅力和韧劲取得成功，是雷锋对钉子精神的辩证感悟。

月夜练投弹，冰天练射击，汽车座位上垫方木……雷锋克服了一个又一个的困难，摆脱了个子矮的先天制约，放大了自己的能量，成为一个不平凡的战士。

在雷锋离开我们几十年之后，一部叫《士兵突击》的电视剧红遍了中国，那个显得有点憨和笨的士兵许三多，凭着“不抛弃，不放弃”的精神，最终使自己成为一名优秀的特战队员。人们从许三多的身上看到了雷锋的影子，“不抛弃，不放弃”的经典名言也成为雷锋“钉子论”的现代版。

方向盘论

毛主席著作对我来说好比粮食和武器，好比汽车上的方向盘。人不吃饭不行，打仗没有武器不行，开车没有方向盘不行，干革命不学习毛主席著作不行！

在雷锋留下的日记和读《毛选》的眉批里，可以看到大量学习笔记和对照毛主席著作解决问题的记录，毛主席的话对他来说就像是解决问题的指南。1962年，时任湘潭地委第二书记的张兴玉，对记者讲了雷锋进步的两条原因：一是苦大仇深，对建设和保卫新中国有着很大的热情；二是刻苦学习革命理论，能透过现象看本质，从一般的对党报恩上升到自觉地为党和人民的利益而奋斗。

新中国成立前，毛泽东的许多文章及选集就在部队、解放区、地下党中传读，不仅对当时党的工作起了指导作用，也影响了许多学者和进步人士。新中国成立后，1951—1960年出版了《毛泽东选集》一至四卷；1958年6月，共青团中央通过了《关于组织广大青年学习马克思列宁主义学习毛泽东著作的决定》；1960年10月，军委发出了“高举毛泽东思想红旗，把毛泽东思想真正学到手”的号召。雷锋阅读毛泽东著作是从1958年开始的，他理论学习的启蒙老师是县委书记张兴玉。1960年，雷锋又带着毛泽东著作来到部队。

雷锋读过的毛主席著作

他的思想觉悟还处于感性认识阶段，还没有上升到理性认识的高度，而此时雷锋正值理想、信念和人生价值观形成的关键时期。他曾给我提出一个问题：“是不是南方的地主比北方的恶？”我告诉他：“共产党带领人民打天下，是为了推翻整个剥削制度，是为天下人民谋幸福，你不能只恨某个徐地主、谭地主。”从此我便有意识地引导他接受马克思主义理论教育。那个时候《毛泽东选集》只发到县团级干部，我看到雷锋有时候也拿着翻着看，就有意识地和他进行讨论。

——张兴玉

是革命理论拨开了迷雾，雷锋积压在心里的很多问题，从毛泽东著作中得到了答案。他如饥似渴地学习科学理论，在日记中写下了很多学习体会，在读过的毛泽东著作中做了不少书眉笔记，也在日记中记录了理论指导下的实践行动。

我学习毛主席著作以后，懂得了不少道理，脑子里一豁亮，越干越有劲，总觉得这股劲儿永远也使不败。……我要永远地记住：“一滴水只有放进大海里才能永远不干，一个人只有当他把自己和集体事业融合一起的时候才能有力量。”

——《雷锋日记》1960 年 3 月 × 日

一、学习毛主席的立场、观点、方法。

二、学习毛主席著作要分析当时的历史背景

（一）分析每篇文章对当时的革命运动起了什么作用。

（二）主席为什么分析这个问题。

（三）主席在文章中提出几个什么观点。

（四）主席的方法论是什么。

（五）联系个人写心得体会。

——《雷锋日记》1960 年 11 月 × 日

认识了缺点就等于改正了一半，改正了缺点就是进步。

——雷锋在《毛泽东著作选读》第 85 页的书眉笔记

外因是条件，内因作决定。要想求进步，主观多努力。

——雷锋在《矛盾论》（单行本）第 5 页的书眉笔记

要搞好工作，搞好学习，克服困难，就要揭露矛盾，找出解决矛盾的方法，并努力解除矛盾。

——雷锋在《矛盾论》（单行本）第 8 页的书眉笔记

雷锋和战友陈英东一起将剪辑下的毛主席语录贴在班里的“学习园地”上

科学理论是人生的路标，从雷锋的日记里、眉批里我们可以看到，毛泽东著作对他世界观和方法论的形成起了极大的指导作用。善于比喻的雷锋将它比喻为汽车的方向盘、战士的武器、人的粮食，这些话现在一些人听起来有“时代差”，觉得这话说大了，说玄了，甚至有点说“左”了。这是一种误读。如果我们联系雷锋所处那个时代的背景，再来品读雷锋的“方向盘论”，感觉就不一样了。

从 1921 年中国共产党成立到 1949 年新中国诞生，也就是 28 年时间，这是令世界震撼的奇迹，这是马列主义理论同中国革命实践相结合的奇迹，这也是中国化的马列主义——毛泽东思想的奇迹。这个奇迹在那个时候就像昨天发生的一样，你想不相信科学理论的作用都不行，这就是雷锋真信、真学科学理论的时代环境。

今天的中国已经成为世界第二大经济体，但距离我们为之奋斗的“国家富强、民族振兴、人民幸福”的中国梦还相差甚远。发展以后遇到的问题并不比不发展时少，没有科学理论的指南，就不会有坚定的精神信仰。信仰是凝聚人心的支柱，信仰是阔步前行的力量，否则走不稳、迈不远。这就是雷锋方向盘论没有过时的现实意义。

“傻子”论

我要做一个有利于人民、有利于国家的人。如果说这是“傻子”，那我是甘心愿意做这样的“傻子”的。革命需要这样的“傻子”，建设也需要这样的“傻子”。我就是长着一个心眼，我一心向着党，向着社会主义，向着共产主义。

无论雷锋在世还是去世，都有说他是“傻子”的。这些“傻子”里，有敬佩和赞扬，也有不解和轻蔑。

雷锋的“傻”表现在什么地方呢？

雨夜抢救水泥，雷锋把自己的被子盖在水泥上，这在别人看来会心疼，而雷锋却“带着乐观的心情，昂首阔步回到了宿舍……”

在鞍钢当推土机手，雷锋带了三个学员，只用四个月就教会了他们开推土机。工厂发给雷锋36元带学员的师傅钱，他没有要。雷锋想：“我学的技术是党培养的，今天告诉别人是应该的。”

放弃36元的工资，到部队当战士；平时省吃俭用，缝缝补补，而在人民受灾和需要的时候，慷慨地拿出自己的积蓄。

这是雷锋缺心眼吗？当然不是，雷锋有自己的幸福观。“有些人说：当兵不合算挣不到钱，不如在家种二亩自留地，既有花的又有吃的……

雷锋送老大娘回家

我认为大河涨水小河满，大河没水小河干，只有集体利益富裕了，个人利益才能得到满足……”

在沈阳车站，一个老太太在汽车旁焦急地徘徊着，像是有什么困难。路过的雷锋看到了这个情况，主动上前询问，得知老太太是从山东来部队看儿子的，路费用光了。雷锋请老人家吃了饭，并给她买好到她儿子驻地的车票。看到老人家上车了，雷锋心里很高兴。

1962 年 5 月 2 日，风雨交加。雷锋看到路上有一位妇女抱着个小孩，手里还拉着一个小孩，左肩上背着两个行李包，艰难地在雨地里行走。雷锋急忙上前问她到哪里去？这位妇女说：“大兄弟呀，我从哈尔滨回来，到樟子沟去。今天遭老罪了，带两个孩子，背这么多东西，天又下雨。现在天快黑了，还要走十多里路才能到家。我现在走迷糊了，哭也哭不到家呀。”雷锋劝她不要着急，回到班里取来雨衣给这位妇女穿上，帮她抱着孩子、背着东西走了一个多小时，才将她们送回了家。

在别人困难的时候，雷锋总是伸出热情的手。这样做累吗？是给自己添麻烦吗？雷锋不这么看。在他的日记中，人们看到的是一种心甘情愿当“傻子”的快乐。

旅客们有事都找我，但我并不感到麻烦，反而觉得荣幸。

——《雷锋日记》1961 年 4 月 23 日

我要牢记这样的话：永远愉快地多给别人，少从别人那里拿取。这种共产主义精神，我要在一切实际行动中贯彻。

今天，我听战友佟占佩说：没有日记本了，手中无钱买。我立即把自己一本新的日记本送给了他。这仅仅是一点小意思。我愿意把自己所有的东西，包括生命献给党和人民……

——《雷锋日记》1961 年 10 月 12 日

……我觉得自己活着，就是为了使别人过得更美好。……

——《雷锋日记》1961 年 11 月 26 日

雷锋的“傻子论”是他奉献精神的真实写照。大凡讲奉献的人都是把利人视为做人的美德，不需要别人要求，也不需要别人鼓励，是一种发自内心的习惯，这就叫境界。从心理学的角度讲，人的幸福和快乐并非物质的多少，而是一种心理感受。一个人对社会和别人索取越多，心里就会越痛苦；反之，索取越少，给予得越多，就会越快乐。雷锋追求的是精神的愉悦。

螺丝钉论

一个人的作用，对于革命事业来说，就如一架机器上的一颗螺丝钉。机器由于有许许多多的螺丝钉的连接和固定，才成了一个坚实的整体，才能够运转自如，发挥它巨大的工作能力。螺丝钉虽小，其作用是不可估量的。我愿永远做一个螺丝钉。

螺丝钉要经常保养和清洗，才不会生锈。人的思想也是这样，要经常检查，才不会出毛病。……在伟大的革命事业中做一个永不生锈的螺丝钉。

雷锋的“螺丝钉论”在中国影响久远，上自老人，下至儿童，提起

“螺丝钉”都耳熟能详，石家庄一所小学至今还办着一张名叫《螺丝钉报》的校报。雷锋的“螺丝钉论”之所以能一直被人们用来鞭策自己，是因为它揭示了局部与全局、个体与整体的辩证关系。

一个年轻的战士是怎么引发出对螺丝钉的深刻思考呢？

那还得从张兴玉书记说起。有一次，雷锋随张书记下乡，他看到地下有一颗小小的螺丝钉，就踢了一脚，而张书记却弯腰把它捡回来，擦干净，装进了口袋里。第二天，张书记交给雷锋一个信封，让他送到机修厂。到了厂里，厂长打开信封一看，里面就一颗螺丝钉。厂长拿着这颗螺丝钉思索了许久，终于明白过来。他把车间主任和团支部书记喊来说：“大家看到没有，这位县委来的小同志，把一颗小螺丝钉送到我们工厂里来。他这种勤俭节约、爱护集体的精神值得我们学习。”雷锋脸红了。

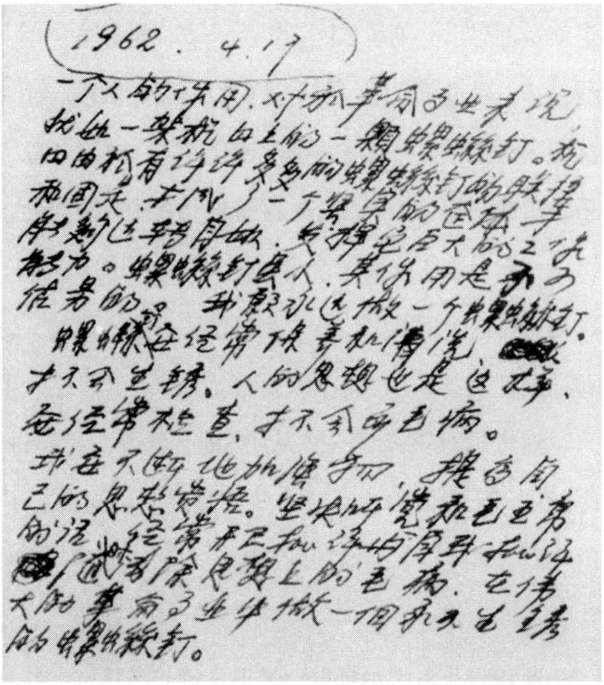
1962.4.17
一个人的作用，对于革命事业来说，就如一架机器上的一颗螺丝钉。机器由于有许许多多的螺丝钉的联接和固定，才成了一个坚实的整体，才能够运转自如，发挥它巨大的工作能力。螺丝钉虽小，其作用是不可估量的。我愿永远做一个螺丝钉。螺丝钉要经常保养和清洗，才不会生锈。人的思想也是这样，要经常检查，才不会出毛病。我要不断地加强学习，提高自己的思想觉悟。坚决听党和毛主席的话，经常主动地进行批评和自我批评，随时清除思想上的毛病，在伟大的革命事业中做一个永不生锈的螺丝钉。

“螺丝钉”手迹

这是雷锋对“螺丝钉精神”的最早感知：国家底子薄，搞建设就要艰苦奋斗、厉行节约。后来，张书记关于螺丝钉的另一番话，也使雷锋受到很深的启发：“一颗螺丝钉，别看它东西小，缺了也不行。就像你这个公务员，别看职务不高，我们的工作缺了你也不行。”从这件事中，雷锋领悟到一个人如同一颗螺丝钉，在整个革命事业这个大机器上，发挥着必不可少的作用，必须紧紧地拧在这个岗位上，同整个机器一起运转。

在雷锋的“螺丝钉精神”形成过程中，还有一个人对他影响很大，这就是刘思乐。刘思乐比雷锋大一岁，早参军一年，入伍后当过炮手，喂过猪、养过鸡、喂过马，还磨过豆腐、做过酱油，干一行爱一行，被沈阳军区授予“一颗不生锈的螺丝钉”称号。1962年2月19日，刘思乐与雷锋一起参加了沈阳军区首届共青团代表大会，会议结束后，又和雷锋一起参加了沈阳军区青年演讲团，同住在沈阳军区第一招待所316房间。在这个房间里，两个小战士曾有过一段对“螺丝钉精神”的精彩对话。

刘思乐对雷锋说：“从1959年至今，我演讲‘做一颗不生锈的螺丝钉’已有上百次了，有些听过我演讲的人忘了我叫刘思乐，见了就叫我‘螺丝钉’，弄得我在街上一听有人叫‘螺丝钉’就回头张望。”

当1959年刘思乐把做一颗不生锈的螺丝钉当作自己的人生选择时，有人说螺丝钉的理想是小不点。1961年刘思乐在大街上遇到几个学生，他们在议论是叫他刘思乐还是叫螺丝钉。一个学生跑到他跟前问：“解放军叔叔，他们说你叫螺丝钉，对吗？”刘思乐说：“你告诉他们，在中国叫螺丝钉的可是单名单姓，这个名字还没有冒名顶替的呢。”小

朋友听了刘思乐的话，顽皮地叫他“螺丝钉叔叔”。

雷锋高兴地说：“这是一种政治荣誉，祖国建设更不能缺少你这种螺丝钉。说真的，我真羡慕你有这个螺丝钉的名字，让我们携起手来做一颗永不生锈的螺丝钉吧。”

刘思乐说：“你在不生锈前加的那个‘永’字，加得好呀。我和你一样都是从旧社会过来的，只读了两年书，做一颗永不生锈的螺丝钉，在理论与实践的结合上很有探讨价值。我正要向你请教怎样当好螺丝钉呢。”

雷锋说：“螺丝钉的可贵，在于它默默奉献。我赞成‘不想当将军的士兵不是好士兵’的话，人活一世总要有一个较高的奋斗目标，但安排你干的工作可能有很多不符合自己的目标，有的工作累一点儿、脏一点儿，学不到什么技术。如果这山望着那山高，都不安心分内工作，部队哪还有战斗力。”

当刘思乐向雷锋请教怎样才能做到永不生锈时，雷锋说：“一个革命者不仅要有为人民服务的思想，还要有为人民服务的本领，不认真学习专业知识，没有干革命的真本领，当炮手的打不中目标，驾驶员不会排除车辆故障，炊事员做的饭菜大家都不愿意吃，就不能在反侵略战争中发挥作用。”

这次长谈后，雷锋在刘思乐的纪念册上写下了一句离别赠言：“让我们携起手来，做一颗永不生锈的螺丝钉。”

刘思乐在部队20年，调动岗位21次，干了18行。荣立二等功一次，

三等功两次。在他和雷锋这次长谈的八个月后，也就是1962年的10月1日，他参加了全国英模国庆观礼代表团，受到了毛主席的接见。他说：雷锋的谈话和赠言一直激励着我学习、工作和生活，如今在社会主义建设的征途中，有一条螺丝钉之路，这条路闪耀着千万颗像雷锋一样的闪闪发光的螺丝钉，我可以坦然无愧地告慰九泉之下的战友——雷锋，我仍是螺丝钉队伍里的一名排头兵。

在网络时代、太空时代的今天，我们依旧离不开小小的螺丝钉。也许，它已经化作了芯片中的一段线路、一个节点，它依旧是小，但依旧是离开它，所有的系统都会瘫痪。

情操四季论

我要牢记这段名言：“对待同志要像春天般的温暖，对待工作要像夏天一样的火热，对待个人主义要像秋风扫落叶一样，对待敌人要像严冬一样冷酷无情。”

春天 雷锋在日记里写下这段名言的时间是1960年10月21日。这天，运输连上山割草盖菜窖。出发前，炊事班发给每人一盒饭，让大家带着中午吃。12点开饭时，大家都有说有笑地在吃饭，只有战士王延堂坐在一边看。雷锋过去一问才知道，原来王延堂饭量大，吃早饭时就把中午的那盒饭也吃了。雷锋想，如果明着把自己的那盒饭送给他吃，他肯定不会要。于是，他捂着肚子对王延堂说：“我肚子痛得厉害，实在吃不下去，你就帮我把这盒饭吃了吧！”王延堂信以为真，接过雷锋带的那

雷锋“让饭”

盒饭吃了。

乍一听，这件事并没有什么感人之处，现在的一些青年人，特别是那些在饭馆酒楼一掷千金的款爷们听了，也许会觉得好笑，甚至会觉得这是在小题大做，不就是一盒饭吗！有什么大惊小怪的。其实，你错了，这盒饭比现在的一桶饭、一锅饭还要金贵得多。当时，正是全国人民吃糠咽菜饿肚子的时候。如果你了解当时的背景，你就会觉得这并非是小题大做。

——夏孝栋

其实，雷锋做好事、帮助别人，也不是没有原则的。下面讲的是一个鲜为人知的故事，它让我们更深刻地了解了雷锋。

1962 年 5 月的一个星期六，部队在沈阳市新城子区铁背山地区施工，雷锋带着战友驾驶着 13 号车去抚顺市购买办公用品。采购完返回时，刚出抚顺，遇到铁背山的一位农民拦车，想搭便车回去。雷锋将车在路边缓缓地停了下来，和蔼地向那位农民解释说：“我的驾驶技术不高，山路弯道又多，怕不安全。再说团里有规定，不准带人。”说着，从兜里掏出两元钱塞在那位农民手里，对他说：“请你买张票，乘公共汽车回去吧。”那位农民拿着两元钱愣在那里，感动得手足无措，不知说啥好。

这个故事是当时坐在雷锋身边的营部书记夏孝栋在 2012 年 8 月 15 日祭奠雷锋牺牲 50 周年大会上讲的。故事中的雷锋同样是热心人的形象，但他不是我们记忆中的有求必应，他热爱人民但执行规章制度不打折扣，所以他会对求助的农民说“不”，他有着很强的原则性，但又善于体谅别人，毫不犹豫地拿出自己的钱去帮助求助的农民，这就是被百姓称为好人雷锋的鲜明色彩。

雷锋对人民群众的情谊，是和煦的春风、润物的春雨，那种真情的相助、入微的体贴，并不是谁都能做到的。

夏天 说到雷锋对待工作，那是大家公认的——积极、主动、认真、热情，就像他在日记里对自己要求的一样：“做到说干就干，干就干好，脚踏实地，实事求是地干，千方百计地干，事事拣重担子挑，顺利时干得欢，受挫折时也要干得欢，扎扎实实地干，一定要把事情办好。”

是什么驱动雷锋这样去做呢？还是让我们来看看他自己的回答吧。

什么是时代的美？战士那褪了色的、补了补丁的黄军装是最美的；工人那一身油渍斑斑的蓝工装是最美的；农民那一双粗壮的、满是厚茧的手是最美的；劳动人民那被烈日晒得黝黑的脸是最美的；粗犷雄壮的劳动号子是最美的；为社会主义建设孜孜不倦地工作的人的灵魂是最美的。如果谁认为这并不美，那他就不懂得我们的时代。

——《雷锋日记》1961 年 3 月 × 日

高楼大厦都是一砖一石砌起来的，我们何不做这一砖一石呢！我所以天天都要做这些零碎事，就是为此。

——《雷锋日记》1961 年 3 月 × 日

不用再多说什么了，雷锋自己的回答就是对他行为最好的解释。50 年后，在电视剧《我是特种兵》里，我们又听到了当代特种兵的现代版解释：“Be all you can be. 换成我们的话，就是‘发扬雷锋精神，让你干什么就干什么’。”

秋天　严于律己、宽以待人，是中华民族的美德，是修身养性的君子之风。从雷锋的日记当中可以看出，他反复阅读毛泽东的《为人民服务》和《纪念白求恩》，每次都有新的体会。刘少奇的《论共产党员的修养》也给了他许多精神营养。一个高尚的人同一个自私自利的人是两股道上跑的车。他在日记当中说：“个人主义好比大海中的孤舟，遇到风浪，一碰就翻。集体主义好比北冰洋上的原子破冰船，任凭什么坚冰都可以摧毁。我认为坐在小舟里摇摇晃晃不好，还是坐在原子破冰船上乘风破浪一往无前为好。”

雷锋为什么对个人主义要像“秋风扫落叶一样”？在新社会的好日子中雷锋也曾有过心中的酸楚。孤儿雷锋小时候被免费送进了教室，但却寄养在亲戚家中。新中国成立初，亲戚家中生活也很苦，雷锋上学又点灯又熬油的，活干得少还要管饭，亲戚免不得有时给他个脸色。所以，在雷锋的理想中多么希望人人都少一点私心和苛刻，多一些爱心和宽容啊。而对他自己来说，要做一个高尚的人，就必须很好地改造思想。雷锋说：“正如洗脸一样，一天不洗，脸上的脏东西和灰尘就不掉，要是长期不洗，脏东西和灰尘就会在脸皮上结成壳，人家看了，会骂他是懒汉……人的思想也是这样，如果不经常教育，不用正确的思想克服错误的思想，时间长了，思想就会出毛病。思想背了包袱，

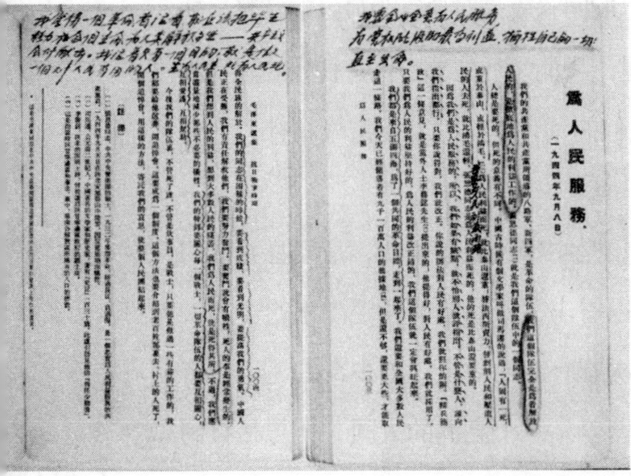

《为人民服务》眉批

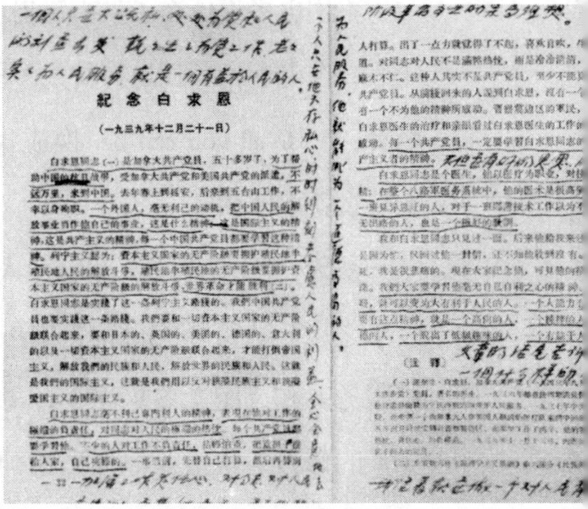

《纪念白求恩》眉批

工作就会消极，干劲就不足，各项任务就不能完成。”

1961 年 9 月 19 日，雷锋在《入党转正申请书》中用两个段落检讨了自己的缺点：

因工作的需要，经常外出汇报，在生活上形成了一种自由散漫的作风。比如，有时候不请假外出，礼节不够周到，军容有时不够整齐。因今年我大部分时间在外地作汇报，很少参加党的组织生活，也没有经常向组织汇报自己的思想工作和学习情况。

对同志的帮助不够，没能经常进行谈心活动。工作缺少方法，有时抓住了这头却丢了那头，遇到具体问题，仅仅从大道理上作一些解释，究竟怎样解决，要达到什么为合适，自己心中没底。个性急躁，办事总想一口气得成。以上缺点坚决克服。

冬天 爱憎分明，是雷锋道德情操最鲜明的特征。

1960 年，雷锋就曾向蹲点的团领导表达过坚决要求上前线的决心，还递上了申请书。1962 年，雷锋所在部队准备抽调车辆支援福建前线，雷锋坚决要求上前线，还是没有得到批准。没有走上战场，这是雷锋的遗憾，他把对敌人的憎恨多次表达在日记中。

人民给我这支枪，我一定要好好保管和爱护。……坚决保卫我们的社会主义建设，保卫我们伟大的祖国，随时准备给侵略者以致命的打击。这支枪是我的，是革命给我的！要想从我这里夺去，我宁愿战斗而死。

——《雷锋日记》1961 年 3 月 4 日

我坚决要按照鲁迅的那两句诗去做：“横眉冷对千夫指，俯首甘为孺子牛。”对敌人要狠，要像严冬一样残酷无情；对党、对人民要忠诚老实，永远忠于党，忠于人民……

——《雷锋日记》1961 年 10 月 8 日

雷锋的内心世界是丰富的，雷锋的道德情操是高尚的。雷锋托物言志，借用特点分明的春、夏、秋、冬，表达了自己做人处世的原则和爱憎分明的立场。在雷锋的精神世界里只有黑和白，没有灰色的圆滑，从来不搞是非不清的和稀泥。这对我们今天做人处世也是一个很好的参照。

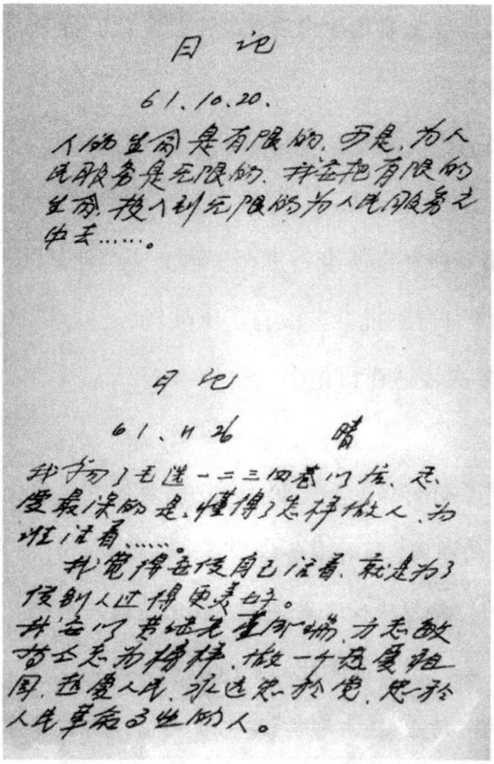

日记

61.10.20.

人的生命是有限的，可是，为人民服务是无限的，我要把有限的生命，投入到无限的为人民服务之中去……。

日记

61.11.26 晴

我学习了毛选一二三四卷以后，感受最深的是，懂得了怎样做人，为谁活着……。

我觉得要使自己活着，就是为了使别人过得更美好。

我要以黄继光、董存瑞、方志敏等同志为榜样，做一个热爱祖国，热爱人民，永远忠于党，忠于人民革命事业的人。

“有限无限”手迹

有限无限论

人的生命是有限的，可是，为人民服务是无限的，我要把有限的生命，投入到无限的为人民服务之中去。

雷锋的这句名言影响深远，是雷锋精神的实质和精髓所在。正是由此，雷锋精神达到了“无限”，永不过时，并被传承这种精神的“雷锋人”不断发展丰富。

雷锋写下这段话的时间是1961年的10月20日。同年11月26日，雷锋又写下了一段话：“我学习了《毛选》一二三四卷以后，感受最深的是，懂得了怎样做人，为谁活着……”

中国共产党自诞生那天起，就奉行着为人民服务的宗旨。为人民服务的事业有多大？为人民服务的路要走多远？做人民勤务员的时间要多长？这些问题一直在考量着共产党人。毛泽东在新中国成立前夕，把中国革命的巨大胜利比作“万里长征只走完了第一步”，并把进京执政喻为“赶考”，明确提出“我们决不当李自成”。

1949年3月23日，毛泽东率领中共中央机关乘车离开西柏坡，向北平进发。毛泽东对周恩来说：“今天是进京的日子，进京赶考去！”周恩来笑着说：“我们应当都能考试及格，不要退回来。”毛泽东说：“退回来就失败了，我们决不当李自成，我们都希望考个好成绩。”

毛泽东把党中央进北京执政比作“赶考”，又重提李自成，就是深知共产党人为人民服务的事业是无限远大而没有止境的，谁要是因此而骄傲起来，进了城当官做老爷，那只能重蹈李自成的下场。

1949年3月5日至13日，中共中央在西柏坡召开了七届二中全会。就是在这次会议上，毛泽东提出了著名的“两个务必”的论断，即“务必使同志们继续地保持谦虚、谨慎、不骄、不躁的作风，务必使同志们继续地保持艰苦奋斗的作风”，因为“破坏一个旧世界”，并不意味着为人民服务事业的结束，“我们还要善于建设一个新世界”，才是为人民服务在一个新的起点上的开始。

在短暂的生命中，雷锋经历了翻身解放、政权建设、土改分田、农村扫盲、治沩造田、大兴工业、参军报国、自然灾害，在地方和部队工作中都取得了不凡的成绩。他没有自满，始终把为人民服务当作无限的事业，总觉得自己做得还不够，同党和人民的要求差得还很远。

由于我在实际工作和行动中，做出了一点成绩，部队党委授予我“模范共青团员”和“节约标兵”的光荣称号，并给我记二等功一次、三等功两次，这使我内心十分激动。因为我所做的是每个共产党员应尽的义务，而且距离党和上级的要求还差得远，获得一些成绩也是党的教育和同志帮助的结果。在新的一年里，我决心继续努力，做各项工作中的红旗手，关心同志，关心集体，处处、事事、时时起模范带头作用……

——《雷锋日记》1962 年 1 月 1 日

我一口气看完了《中国青年》杂志上徐老（徐特立）写给晚辈的几封家信。…… 徐老说的“一个共产党员应当什么都知，什么都能，什么都学，什么都干，什么人都交，什么生活都能过得下去。”这些话对我来说是有很大启发和教育的，也是我应当知道的，必须要去做的。……

——《雷锋日记》1962 年 2 月 3 日

1962 年，是雷锋人生中辉煌的一年，他作为特邀代表出席沈阳军区共青团首届代表大会并当选为主席团成员。1962 年，也是雷锋人生的最后一年，从他这一年给我们留下的日记当中，可以看到“谦虚谨慎”是出现最多的字眼。

在沈阳军区共青团首届代表大会上，雷锋认识了沈阳军区特等射手雷凯、技术能手李树春、知识青年战士邢连元、热心为伤病员服务的军医董蕙兰、“活的罗盛教”黄治富、“海上花木兰”女民兵连长文淑珍、“一颗不生锈的螺丝钉”刘思乐、神枪手王元朝。这些代表也都知道雷锋的名字，有的还把见过报的雷锋日记摘抄在自己的本子上。而雷锋更是虚心地向他们学习，经常找他们谈心求教。

在沈阳军区首届共青团代表大会上，雷锋结识了同坐在主席台上的某部打渔班长刘成德，这个比雷锋入伍早三年的战士，在寒冷的冬季里的一个雾夜，背着绳子在冰冷的水中游了 80 多米，将救命绳送到一艘触礁的渔船上。靠着这条救命绳，14 名战友得救了，而他却险些被海水呛死、冻死。上级给他记了二等功。成了救人功臣的刘成德

刘成德至今依然珍藏着当年雷锋给他的赠言

依然谦虚忠厚，在会议期间，每次开饭他都和雷锋忙里忙外帮助炊事班端盘子刷碗。雷锋从他身上看到了一个高尚的人的宝贵品质。

亲爱的刘成德战友：

你是优秀的共青团员，是我永远学习的榜样，为了共同完成党的事业，我给你留下几句话：我觉得一个革命者，就应该把革命利益放在第一位，为党的事业贡献自己的一切，这才是最幸福的。

——战友雷锋 1962年2月22日

从身边的先进模范身上汲取营养，雷锋发自内心地产生了惭愧感，他在团代会召开期间的一篇日记中写道："惭愧的是我为党和人民做的贡献太少了，比起其他的代表，我差得太远，但是我决不甘心落后。"他表示要"永不自满，永不骄傲，永远谦虚谨慎"。

年轻的雷锋是那个时代的佼佼者，他也拥有众多的"粉丝"。鲜花、掌声、签字、留言，这一切没有使雷锋陶醉。他在1962年2月26日的日记中写道："现在，我是一个光荣的共产党员，国家的主人。将来，我永远是党的忠实儿子，人民的勤务员。"2月27日，雷锋又用警告的语句勉励自己："雷锋呀，雷锋！我警告你牢记：千万不可以骄傲。"

同年3月2日，雷锋又借用大量的比喻写下了这样一段话："骄傲的人，其实是无知的人。他不知道自己能吃几碗干饭，他不懂得自己只是沧海之一粟……这些人好比是一个瓶子装的水，一瓶子不满，半瓶子晃荡，可是还晃荡不出来。这有什么值得骄傲的呢？"

一个人怎么才能不骄傲呢？雷锋有一个神话中的“宝碗”。他在3月28日的日记中写道：“我们要真正学到一点东西，就要虚心。譬如一个碗，如果已经装得满满的，哪怕再有好吃的东西，像海参、鱼翅之类，也装不进去，如果碗是空的，就能装很多东西。装知识的碗，就要像神话中的‘宝碗’一样，永远也装不满。”

同年8月9日，雷锋又在日记中记述了一段科学家对青年讲的话：“你在任何时候，也不要以为自己什么都知道。不管别人怎么器重你们，你们都要有勇气对自己说‘我没有学识！’决不要陷于骄傲。因为一骄傲，你们就会固执起来；因为一骄傲，你们就会拒绝别人的忠告和友谊的帮助；因为一骄傲，你们就会丧失客观方面的准绳。”雷锋写道：“这些话好得很，我不但要永记，而且要贯彻到语言行动中。”

1963年，雷锋展览在中国人民革命军事博物馆举办。一天晚上，周恩来总理来到了博物馆，他仔细地观看了雷锋的照片和遗物，提出要看看雷锋最后一篇日记。工作人员连忙找出来送到总理手中，总理看了连连点头，神情中流露出赞赏和惋惜……

雷锋最后一篇日记的时间是1962年8月10日。

今天，我认真地学习了一段毛主席著作，其中有两句话对我教育最深。毛主席教导我们说：“虚心使人进步，骄傲使人落后。”这是千真万确的真理。过去，我在一切言论或行动中，按主席的教导做了，因此我进步了。现在，我仍然要牢记主席的这一教导，坚决努力，要求自己更好地做到这一点。

今后，我要更加热爱人民和尊敬人民，永远做群众的小学生，做人民的勤务员。

——《雷锋日记》1962 年 8 月 10 日

一个人的生命以及在这个生命过程中担负的工作、责任都是有限的，而他所为之奋斗的为人民服务事业，是由一代又一代人持续不断地进行着的，是无限的。这就是雷锋的“有限无限论”所体现的哲学精神。再展开来说，“有限无限论”告诉我们两点：一是要珍惜自己有限的生命和时间，用辛勤的工作放大生命的长度和宽度，为人民做出更多的贡献。二是你生命中做出再大的贡献，在无限的事业中也仅仅是沧海一粟，成绩、功劳只能说明昨天或者今天，而“无限”的明天对谁都是一张白纸，都要从一画起。明白了这个哲理，一个人即使功劳再大也不会骄傲自满，一个政党伟业再多也不会故步自封。

人们在践行雷锋精神的实践中，不断引申对“有限无限论”的思考和认识。

2012 年 11 月 15 日，中国共产党新一代领导人习近平总书记，在会见中外记者时讲道：“人民是历史的创造者，群众是真正的英雄。人民群众是我们力量的源泉。我们深深知道，每个人的力量是有限的，但只要我们万众一心，众志成城，就没有克服不了的困难；每个人的工作时间是有限的，但全心全意为人民服务是无限的。”

雷锋已经离开我们了，但他的“有限无限论”却渗透在我们的生活中，流淌在共产党人的血液中。

从感恩，到“傻子”，到螺丝钉，到爱憎分明，再到无限地为人民服务，我们看到了雷锋思想的发展轨迹。一个受尽苦难、流离失所的孤儿找到了亲人，他本能地竭尽全力去报恩。在报恩的过程中，他又得到了更多的温暖，同时也获得了没有想到的荣誉。在这个过程中，他还得到了不断学习、思考、提高的机会，领导、工友、战友、劳模、标兵的影响和领袖的教导，都使他的思想在变化、在升华，最终，他把个人的情感、爱憎融入了群体，他的行为也由本能发展到自我要求，以至自觉。这也许就是雷锋，一个普通的战士给我们留下的最深的思考。

热点互动

雷锋就是“那个白天做了好事不留名，晚上全都写到日记里的人”

这样的说法，出自一位新派主持人之口。他讲完这句话后，下面的观众哄堂大笑。细细品味一下，这句话没有毛病，但是讲出来味道就变了。

雷锋的确是做了好事不留名，也的确是事后记在了日记中。雷锋离开我们已经50多年了，但他的日记经得起时间的检验。日记中记载的事情，件件真实，无虚无假。请问，如果雷锋不是一个言行一致、表里如一的人，他敢记日记吗？再说，雷锋记日记时也不可能想到，日后要发表给全国人民看。

日记是那个时代的产物，就像我们今天写博客、发微博一样。所不同的是，那时的日记是自己生活的记录，是不和别人分享的。雷锋留下了很多日记，但他所记录的好事，和他所做的全部好事相比，只是一小部分。

雷锋把好事记在了日记上不是为了炫耀,而是思想修养的一种需要。中国传统文化中就有“吾日三省吾身”之说，古往今来多少成功人士都有记日记的习惯。雷锋爱读书、爱学习，自然把每天记日记当作学习提高的一个方法。在日记中，他记下了好事，也记下了做错了的事，还记下了自己对这些事情的看法和感悟。

理解雷锋记日记的行为，也是了解那一代人的生活、学习方式。对比现在网络上爆出的那些所谓的“日记门”，雷锋敢说、敢做、敢写，也敢于接受人们的审视，是多么高尚呀!

06

第六张名片 永生雷锋

YONGSHENGLEIFENG

一个 22 岁生命的终结，

开启了中国经久不息的“学雷锋活动”，

他的名字成为“好人”“好事”的象征。

雷锋遇难

1962年8月，暴风雨三天两头袭扰着辽阳，一场百年不遇的洪灾在这里暴发了。

14日晚上10点，工兵团团长吴海山接到工兵营的紧急电话，说在100公里外执行任务的工兵营，由于连降暴雨，物资供应不上，全营仅剩一天的粮食了，请求团里紧急支援。吴团长放下电话，立即安排有关人员，派车连夜送粮。

运输连接到了运粮的任务。这时，李超群已经到营里当参谋长了，虞仁昌接任连长。虞连长把送粮任务交给了雷锋。

雷锋和助手连夜装车出发了。路上，他们遇到了一处塌方路段，雷锋和助手跳下车用铁锹铲，用手搬，一段一段艰难地前行。

终于，在15日早上7点多钟，雷锋他们把粮食送到了工兵营。他们谢绝了工兵营的挽留，连早饭也没有吃，就开车返回了。回到运输连时，还不到上午10点。

上午10点多钟，雷锋到连部向虞连长报告："听说汛期快到了，需要把给养和器材运足。我的车子已到三级保养时间，车况不太好，请连里尽早安排保养才好。"虞连长答道："车辆保养，连里会安排的，你去休息吧。"雷锋没有离开，接着连长的话说："连长同志，我有个建议，我这个车就不要送团里修理所了，我们修理班就能保养，重要零件再拿到修理所去加工吧。"

虞连长听了这话非常高兴，对雷锋说："你这个意见很好。你快回去休息吧。”

雷锋从连部回来，告诉乔安山，连长同意他们自己保养车辆。雷锋说：“咱们现在把车开到九连伙房门前冲洗，下午请王教员和白副连长帮我们保养车子。”说完，他们两个人就争抢手摇把子摇车，结果还是雷锋把手摇把子抢过去了，乔安山坐到驾驶室里开车。

汽车发动后，雷锋手拿摇把子从近道赶往九连伙房门前等候。

在去九连的路上有个直角弯，左右回旋余地很小，很不好拐。乔安山把车停下来喊雷锋：“班长，你看看能不能撞上房子？”雷锋走过来，左右看看，问：“方向盘打死没有？”乔安山说：“打死了。”

事故现场

现场还原图

雷锋站得离车很近，几乎靠近了脚踏板，他在车的左前方指挥乔安山开车。乔安山挂二挡起步，边开边问：“怎么样，没事吧？”雷锋说：“没事，往前开吧。”可就在车刚超过雷锋的那一刹那，车的左后轮将一根平时用来晾衣服的木杆挤倒了，拴在上面的铁丝绷断了，木杆向左前方弹出去，正好砸在雷锋的头部。

惨剧发生了。

乔安山把车开到伙房门口停下来，下车找雷锋时，才发现雷锋倒在地上。乔安山赶紧跑过去，看到雷锋太阳穴上起了一个鸡蛋大的包，鼻子和嘴一起往外喷血。乔安山吓得抱着雷锋的头大哭："班长！班长！"这时，其他几个战士也跑过来了。"快叫连长！"乔安山喊着。

也就在雷锋离开连部的十几分钟后，战士韩振马急三火四地跑进连部，气喘吁吁地报告说："连长，不好了，雷锋出事了。"我立即跑到连部后面。只见乔安山把雷锋扶坐在地上，我蹲下去大声喊："雷

汽车后轮轧断柞木方柱的情景（事故现场补拍）

就是这根柞木方柱，在绷断的晒衣铁丝的作用力下，砸在了雷锋太阳穴要害部位

锋！雷锋！”雷锋闭着眼没有回应，他左眼圈发紫，左鼻孔流出淡淡的血水，旁边倒着一根被撞断了的方木杆子。我对旁边一位战士说：“快让把教练场的教练车开过来。”很快，汽车教员王广湘把车开了过来，我把雷锋抱上汽车，让车直接开往望花西部医院。我把雷锋背到了二楼抢救室。抢救中雷锋体温过高，我急忙到楼下买了一箱冰棍送进去降温。温度刚降下来，突然呼吸停住了，医生进行人工呼吸后又恢复了。这时一位医生说：“谁是负责人，跟我来一下。”我跟他进了一个小房间里，医生说：“伤势很重，是颅庞骨折，内部出血，生命有危险。”我惊呆了，含着眼泪对医生说：“请你们无论如何，千方百计地要抢救他呀！”医生提笔就写了一张便条说：“快些派车去沈阳军区总院，把脑外科段主任请来。”我拿了字条跑回连队，对副连长白福祖说：“你快点，马上开车到沈阳去总院接医生。”白副连长接过医生写的字条，流着眼泪说：“只要能把雷锋同志治好救活，我牺牲生命也愿意。”

——虞仁昌

送走白副连长，虞连长跑回医院，雷锋的呼吸又停了。医生征得虞连长的同意，对雷锋实施了喉管切开呼吸术，只见雷锋的腹部起伏了几下，又停止了。医生对虞连长说：“不行了，你们料理后事吧。”在场的人一听，个个失声痛哭。

我把雷锋的衣服解开，给他擦洗身体，用脸贴在他的肚子上，感到温暖柔和，总不相信他会死去。又去找医生说：“他身体的温度好好的，请你们再抢救一下吧，要血要肉我们都可以办到，只要雷锋能活着，要什么都行。”医生歉疚地说：“他是脑挫伤，内部出血……”这时，我感到彻底地绝望了。

——虞仁昌

雷锋被送往医院抢救时，运输连指导员高士祥正在团里开会。听到雷锋出事的消息，一下子懵了。当他和韩政委一起赶到医院时，看到虞连长正在给雷锋换新衣服，他控制不住地大声哭了起来。

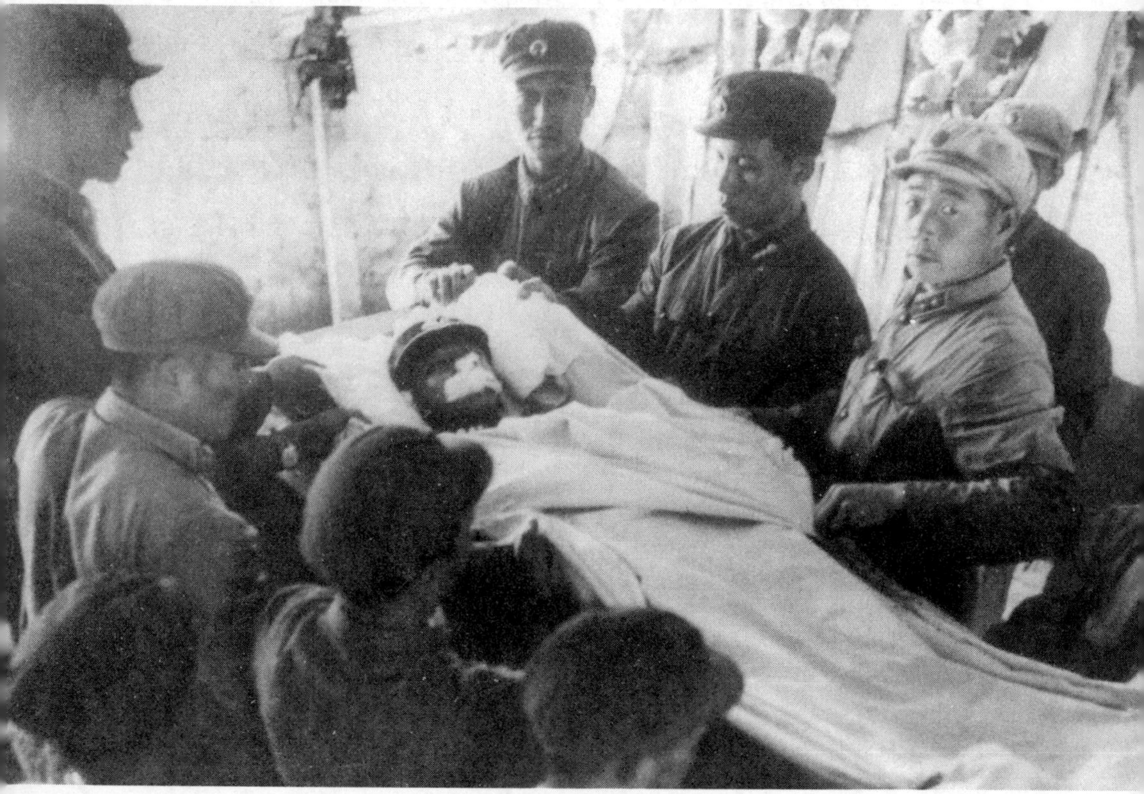

战友们把雷锋接回连队

盛大葬礼

当天下午 2 点多钟，雷锋的遗体从医院运回连队。

运输连党支部决定，干部、战士站双岗，全副武装给雷锋守灵，半个小时一换岗。

消息传出，来连队送雷锋的群众越来越多。有雷锋帮助过的大娘、大嫂，有雷锋辅导过的小学生，还有很多闻讯赶来的工人、农民，大家

公祭雷锋同志大会在抚顺市望花区政府礼堂举行

都想再看看雷锋，谁也不愿意相信这么好的一个战士，会说走就走了。

雷锋是在意外事故中牺牲的，一般情况下这是不开追悼会的。但是，在抚顺军民的强烈要求下，抚顺市和工兵十团商量决定，军地共同给雷锋举行一个公祭大会。

为什么说雷锋牺牲于“意外事故”呢？1962年8月15日，工兵十团派人到沈阳向军区工程兵报告雷锋牺牲的消息。由于当时死因不清，上级派政治部保卫处中尉助理员史宝光到团里调查事故。经过现场调查，定为“以身殉职，意外事故”，并于当晚上报军区，得到组织认定和同意。定为“以身殉职”是因为雷锋是在工作岗位上指挥战士乔安山倒车牺牲的；定为“意外事故”是因为汽车撞倒了木杆，杆子打在了雷锋头上，这是雷锋和乔安山都意想不到的。

8月17日，雷锋牺牲第三天的下午1点，公祭雷锋大会在望花区政府礼堂举行。参加公祭大会的有沈阳军区领导、工程兵部队领导，还有抚顺市党、政、工、青、妇各级领导和望花区的党政领导，雷锋的战友和抚顺市各学校的学生代表。许多群众从广播里听到消息，都自发地赶来参加追悼会。参加追悼会的人数远远超过了预想的规模。

从和平大街到戈布烈士公墓，不足70万人的抚顺市有10万群众上街为雷锋送行。

会场内外、大院内外全是人，送来的花圈也数不清有多少，光往戈布公墓拉花圈的车，就用了好几台大解放。送葬的队伍浩浩荡荡，我从来没有见过这么大的场面。从望花区礼堂到戈布公墓这么长的路，路两边全是人。

——高士祥

雷锋的灵柩缓缓放入墓穴中，大家眼含泪水注视着，谁也不愿埋土封棺，手里的铁锨迟迟不愿铲土。“入土为安，入土为安……”悲怆的声音在送葬的人群中响起。军区工程兵领导铲起第一铲土轻轻地撒在雷锋的灵柩上，随后抚顺市领导和工兵十团领导以及团里的官兵代表先后埋土封棺。一个高高的墓堆慢慢堆起来了。

雷锋墓前临时立了一块木质的墓碑，上面写着：

中国人民解放军三三一七部队班长 抚顺市人民代表

雷锋 烈士之墓

1962年8月17日

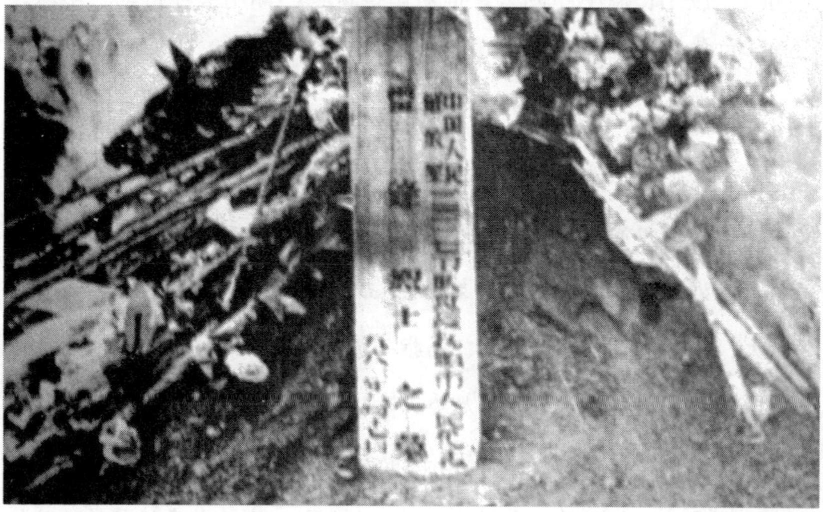

雷锋墓

“向雷锋同志告别！”随着一声悲怆的口令，由20多名战士列队同时朝天鸣枪。

安葬仪式结束之后，大家绕坟转了一圈又一圈，久久不愿离去。

雷锋生前辅导过的一群小学生站在雷锋墓前大声地哭叫着：“雷锋叔叔！雷锋叔叔！”他们把红领巾解下来系在一起，围成一个大圆环，套在雷锋的坟上。

雷锋一生最大的愿望就是见到毛主席。如果雷锋活着，1962年10月1日，他就可以实现这个愿望了，因为军区工程兵机关已经推荐雷锋作为部队的英模代表进京参加国庆观礼。这个消息，经常给雷锋拍照片的张峻知道，工兵十团韩政委知道，组织股长赵玉瑞知道，指导员高士祥也知道，但是他们都执行一个纪律：不准告诉雷锋。他们还有一个任务，那就是严格要求雷锋。张峻在毛主席像前为雷锋照了一张持枪的照片，雷锋说：“我多想见到毛主席呀！”“你能。”张峻这两个字没出口就咽了回去，他对雷锋说：“你用实际行动去争取，一定能见到毛主席。”

高士祥也知道雷锋已初定为进京参加国庆观礼代表，上级要求他更严格地教育和帮助雷锋成长。7月29日，高士祥和雷锋谈过一次心，起因是他听到别人反映雷锋和女同志谈情说爱。当时的雷锋在军内外影响很大，许多女青年很崇拜他，高指导员担心他在这方面出错。雷锋很诚恳地给指导员解释了事情的原委，表情上还有点委屈。雷锋牺牲后，高指导员从他7月29日的一篇日记中看到了雷锋对这次谈话的记录，雷锋最后写的一句话是“有则改之，无则加勉，事情总会清楚的，让组织考验我吧”。高指导员看到这句话心里特别难受：这个小同志是带着委屈走的。我要是把他就要进京观礼见毛主席的消息露给他一点，对他也是个安慰啊……

听到雷锋牺牲的消息，沈阳军区政委赖传珠悲痛地冒出一句话："雷锋提起来不就死不了。”原来，1961年2月25日，在沈阳市各界青年联欢会上，赖传珠说："怎么雷锋还是个班长？应该把他提起来，先提到连队领导岗位上锻炼锻炼。”根据雷锋的突出表现，沈阳军区已经内定把雷锋提拔为干部，但工兵十团觉得待雷锋服役期满三年后再提拔更为妥善。党委对上级的“精神”议了而没办，这也看出了那个时代的民主作风和务实精神。

8月15日雷锋牺牲，距离到北京参加国庆观礼，只有45天的时间。据说，毛主席还要在天安门城楼接见这位好战士。45天，是个不难等待的时间，而雷锋的生命中却永远没有了这个等待。

雷锋没有见到毛主席，带着深深的遗憾离去了。但是，毛主席看到了他的事迹并为他题了词。

1963年8月1日，从不看话剧的毛主席在中南海怀仁堂观看了沈阳军区抗敌话剧团演出的话剧《雷锋》，并亲切接见了演员。扮演雷锋的演员张玉敏握着毛主席的手激动地说：“毛主席，雷锋生前最大的愿望就是见到您，我替他实现了。”

后来，《雷锋》电影上映，毛主席又看了这部电影。当看到雷锋给人民公社捐款说“我是人民的儿子，我是公社的儿子，你一定要收下儿子这点心意”时，毛主席掏出手绢抹着眼角的泪。此情此景，如果九泉

毛主席和话剧《雷锋》演员合影

之下的雷锋得知，一定会露出幸福的微笑！

展出雷锋

追悼会后，雷锋担任过校外辅导员的两所学校的师生，纷纷到部队来要求参观雷锋烈士遗物。韩政委也提出：要将雷锋遗物完整保留，建立雷锋展览室，在部队进行一次化悲痛为力量的教育。

这样，运输连整理了雷锋的遗物，很快搞起了一个“雷锋烈士遗物展览室”，里面摆放着雷锋用过的日记本、书刊、日用品、节约箱和工具箱等。展览室接待的第一批观众就是最先提出要看雷锋叔叔遗物的小学生们。

展览雷锋遗物的消息不胫而走，驻地附近的工人、机关干部和居民都赶来参观。为了满足群众的需要，展览挪到了团里，改为“雷锋烈士生平事迹展览室”。展出不到20天，就接待了近万名参观者。

展览期间，抚顺市委联系十团，提议把展览搬到市里去，让更多的人了解、学习雷锋。

韩政委亲自带人到运输连再次整理、挑选雷锋的遗物。团政治处秘书冷宽从雷锋生前使用过的物品中选出了最有代表性的10件，作为雷锋的传家宝。这10件宝是雷锋生前学习过的《毛泽东选集》一至四卷、驾驶过的13号汽车、冲锋枪、训练用的手榴弹、雨夜送大嫂回家的雨衣、体现雷锋艰苦奋斗精神的节约箱、当校外辅导员时佩戴的红领巾、为战友和群众理发用的工具、随身携带的针线包，还有装毛选、笔记本和钢笔的黄书包。

11月20日，展览开幕，抚顺市委书记沈越带着书记处书记王怀义、陈建新、吕鸿安等领导参观了雷锋烈士事迹展览，并共同题词：“全市共产党员、共青团员都要向雷锋同志学习。”三个多月的时间内，抚顺市就有28万人次观看这个展览。

在抚顺的影响下，辽宁省9个市和12个县复制了12个大型展览室和100多个小型展览室，展出雷锋事迹。以抚顺为起点，雷锋事迹在全省传播开来。

在展览的同时，抚顺市还大力开展多种形式的雷锋宣讲活动，他们邀请雷锋生前的战友给全市机关、厂矿、学校做了41场报告，听众达67900多人；抚顺市人民广播电台从1962年11月19日到12月1日，在每天晚上6点40分的黄金时段连续播讲雷锋生平事迹；全市的工矿企业开展了“学雷锋见行动，增产节约打先锋”活动；财贸战线开展了“学雷锋全心全意为人民”活动；各学校开展了“学雷锋，树新风，做移风易俗好青年”活动。

四班更名

雷锋牺牲后，他生前所在的四班沉浸在巨大的悲痛之中。清晨再也听不到班长喊大家起床的声音，晚上也听不到班长的讲评，但班长的笑脸总是在大家的眼前出现。出车归来，战友们总是看着班长的床铺发怔，没有了雷锋班长，他们觉得心里空荡荡的。在战友们心里，班长没有走，也不会走，他是出去做报告了，再过几天就会回来了……看到这个情景，虞连长、高指导员心里都挺难过的，韩政委心里也不是个滋味。怎么把雷锋留下，让他永远留在他工作过的四班呢？韩政委征求大家的意见，能不能把四班改叫“雷锋班”？但是，要把四班改为雷锋班可不是简单地改个叫法，那是需要上级批准授予称号的。

雷锋牺牲后，四班班长还没有配，如果要申报雷锋班，四班就不再是一个普通的四班了，能够担任班长的必须是优秀的骨干。连里决定把三班班长张兴吉调回四班。张兴吉和雷锋同岁，比雷锋早一年入伍，他任四班班长时，雷锋是四班副班长，1961年，他调任三班班长后，雷锋升任为四班班长。

韩政委和连里的干部一起，对四班的九个战士逐个进行谈话考察。战士们对于自己能够成为雷锋班的一员，感到非常的光荣，谈完话后都写了申请书，却唯独未见乔安山。

乔安山哪里去了？他参加完雷锋追悼会后，就去团农场工作了。当时团里农场需要抽一些战士去帮忙，乔安山听到这个消息后，主动向连里要求离开这个令他触景生悲的环境。自打雷锋班长牺牲后，他心里始终有负罪感。

让乔安山再回到四班，连里干部有顾虑，战士中间也有些议论。韩政委觉得乔安山曾和雷锋结成帮教对子，是受到雷锋帮助最多的战友，可现身说法；他又是雷锋的副驾驶员，可当雷锋事迹的见证人。虽然意外事故与他有关系，但不能影响他作为雷锋班一名战士的资格。韩政委对连里干部说：“就叫乔安山回到四班吧。”

1963年1月，“雷锋班”合影

组织和领导的信任使乔安山又一次感动了，他抹着眼泪，用微微颤抖的手握着雷锋班长生前送他的钢笔，一笔一画、工工整整地写了申请：“党支部、连首长：我要继承班长的遗志，走班长没走完的路，做班长那样的人，为共产主义事业奋斗终生！请批准四班为‘雷锋班’。”

四班要不要申报雷锋班，甚至年底能不能评“四好班”？这在当时也是有不同看法的。连里有，团里也有。分歧的焦点在于，一些同志觉得雷锋的死是个事故，出了事故还评什么“四好班”，还授什么称号？在那个年代，人的原则性很强，遇事不圆滑，开起会来也不会因为韩政委是党委书记而看眼色行事，依旧是有什么就说什么。韩政委把调查的结果拿到党委会上进行讨论，让大家畅所欲言。

四班能不能评“四好班”呢？如果单纯从雷锋牺牲这个意外事故看，那是有些问题。如果综合他们平时的表现，那就会得出另一种结论：四班在班长雷锋的带领下成为全连学习毛主席著作标兵班；他们理论联系实际，抓好安全行车，行驶4万公里没有事故；他们出色地完成了上级交给的各项任务……所有这些，都符合“四好班”的要求。至于雷锋牺牲这件事，沈阳军区和辽宁省有关方面经过审慎研究已有明确结论，不能因此妨碍四班成为先进集体。团党委统一了认识，递交了关于“雷锋班”的申请。军区工程兵政治部很快向沈阳军区政治部上报了“请授予雷锋生前领导的运输连四班为‘雷锋班’的光荣称号”的报告。

沈阳军区副政委兼政治部主任杜平也一直在关注这件事。有人认为，雷锋因事故而死，不宜再作为典型宣传，杜平认为这个看法是片面的。延安时期中央警卫排班长张思德烧炭时因炭窑崩塌以身殉职，毛主席为了纪念这位普通士兵，亲自主持了追悼会，发表了著名的演讲《为人民服务》。杜平对政治部的同志说："雷锋这个全心全意为人民服务的典型具有强烈的时代精神，应该给予充分肯定，不能因为出了事故就抹杀这个先进人物。"他又在多种场合说："事故是一回事，事迹又是一回事，绝不能把两者看成是一个问题，必须分开。"

杜平把雷锋的事迹和日记调来，一连阅读了好几天，更加坚定了自己的看法。他要求全体官兵认真阅读雷锋日记，学习雷锋精神；他要求雷锋团举办雷锋事迹展览会，并为展览题写了"雷锋同志不愧是毛主席的好战士"的题词；他组织了《雷锋》话剧的创作。接到军区工程兵机关上报的申请为雷锋生前所在的四班命名的报告后，他又组织召开军区政治部党委会，专门研究如何继续把雷锋这面旗帜举下去。

向"雷锋班"授旗

沈阳军区政委赖传珠对军区政治部的意见非常支持，他坚决主张要把雷锋作为先进典型继续宣传上报解放军总政治部。根据赖传珠的指示，杜平亲自挑选了八本日记，把日记和雷锋的事迹材料一起报送总政，并转呈毛主席和周总理。

1963 年 3 月，杜平升任南京军区政委后，又下大力培养“南京路上好八连”这个先进集体。这是一个在和平年代“拒腐蚀永不沾”的先进连队，和雷锋一样有着为人民服务的好作风、好精神。毛主席于 1963 年 8 月 1 日题写《八连颂》。

1963年1月7日，国防部批准授予雷锋生前所在运输连四班为“雷锋班”。1963 年 1 月 16 日，国务院副总理、中央军委秘书长罗瑞卿大将为“雷锋班”命名大会题词：“伟大的战士——雷锋同志，永垂不朽”。

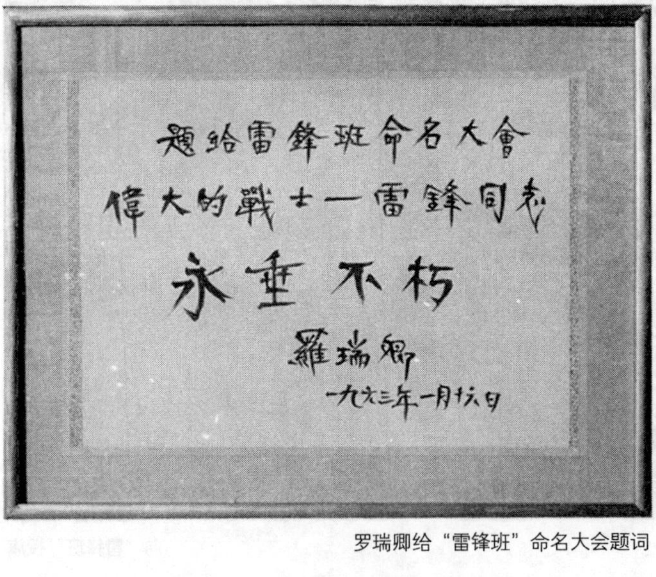

罗瑞卿给“雷锋班”命名大会题词

很多领导也为雷锋班题词：中共中央东北局第一书记宋任穷题的是“革命精神，永垂不朽”；沈阳军区司令员陈锡联题的是“党的好儿子，毛主席的好战士”；沈阳军区政委赖传珠题的是“永生的战士，光辉的榜样”。

1963年1月21日，沈阳军区在沈阳“八一剧场”隆重举行“雷锋班”命名大会。

从此，在雷锋班，雷锋睡过的床铺上永远整洁地摆放着他的被褥，在他们心目中，雷锋班长没有走。雷锋生前所在连晚点名时，第一个喊的是雷锋的名字，雷锋班班长会大声应答：“雷锋同志永生！”雷锋就这样永远留在了他工作生活过的连队，留在了战友们身边。

1963年1月23日，《解放军报》在头版刊登了国防部批准授予四班“雷锋班”称号的消息和罗瑞卿的题词，第二版刊登了杜平《雷锋同志不愧为毛主席的好战士》的文章。

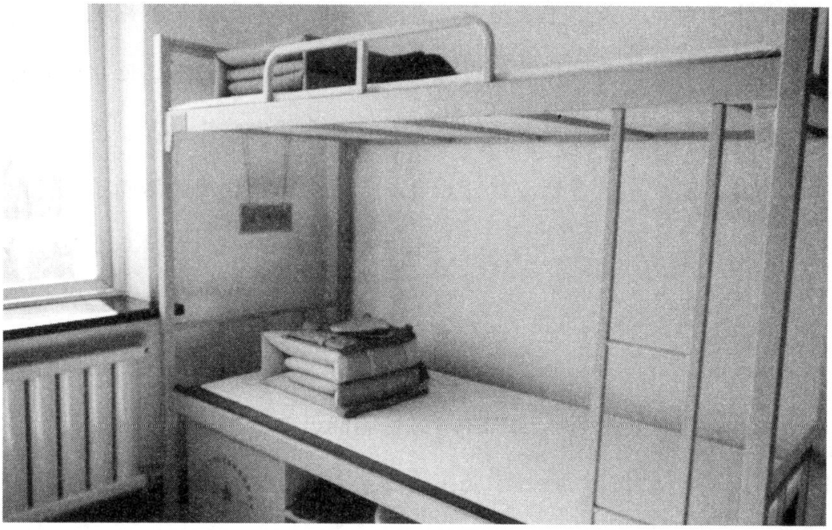

一直保留在四班的雷锋铺位

走出辽宁

雷锋是怎么从辽宁大地走向全国的呢?

这还得从最早采访雷锋的记者佟希文、李健羽说起。1960 年 11 月采访雷锋后，他们就被调到了福建前线执行任务。1962 年 8 月 15 日，他们俩从广州返回沈阳，而正是这一天雷锋牺牲了。

咋就这么巧呢？我们早回来一两天不就见到他了吗？到沈阳后，我们就打听雷锋的情况，人们告诉我们雷锋 8 月 15 日因公牺牲了。当时，我们一下子就说不出话了，感情上吃不消啊！后来听说团里要给雷锋治丧，抚顺市也要办，最后两家合一起，在望花区一个大礼堂办的。当时，礼堂里面挤不下，外面人山人海。送葬路上人都挤满了，街道两旁的群众都戴上了白花，是十里长街啊。当时，我们对毛主席“虽死犹生”这句话感慨很深，认为雷锋是够得上的。听过他做报告的人、他做好事直接帮助过的人、从报刊电台了解他的人，都希望向雷锋学习。这样，没等上面号召，辽宁很多地方就开始自发开展向雷锋学习的活动了。

——佟希文　李健羽

也许是同雷锋分别太久了，也许是这位可爱的战士在他们心目中的印象太深，也许是这种久别相逢却又擦肩而过的深深遗憾，佟希文、李健羽对辽宁军民怀念雷锋、学习雷锋的氛围感受更深。他们赶紧给总社汇报，希望能继续报道。

人民日报社采纳了他们的意见，并加派了记者。在大家的努力下，终于在大年三十把通讯赶写出来了，很快在《人民日报》刊登了，并加了编者按。

在资料室里，我们看到了这一期已经变得发黄的老报纸，时间是1963年2月7日。在第一版报眼下方以三栏标题醒目地登载了辽宁广大青年热烈学习雷锋事迹的消息。第二版刊登了新华社记者写的通讯《毛主席的好战士——雷锋》，并在这个版上刊登了罗瑞卿给雷锋班的题词和以《伟大的普通一兵》为题的评论员文章。在第五版用三分之二的版面刊登了《雷锋日记摘抄》，余下三分之一版面，以雷锋生活片段为题刊登了五幅照片，第一幅是雷锋辅导小学生读英模书籍，第二幅是雷锋手拿步枪和战友们切磋军事技术，第三幅是雷锋和战友们在汽车前研究怎么保养机器节约油料，第四幅是指导员高士祥和雷锋进行入党谈话，第五幅是雷锋帮战友缝被子。

人民日報
EN MIN RI BAO
社论
努力增产节約
爱憎分明立場堅定　毫不利己专門利人
像雷锋那样忠于革命事业
辽宁广大青年热烈学习雷锋事迹受到深刻教育

1963年2月7日《人民日报》

解放軍報

雷鋒的革命精神永放光輝

阶級斗爭中立場堅定 任何崗位上当好螺絲釘

辽宁各地广泛进行宣傳，以他为榜樣教育青年一代

《人民日报》介紹雷鋒的事迹并發表社論和文章

1963年2月8日《解放军报》

党中央的机关报《人民日报》一下子拿出这么多版面，集中宣传一个普通的士兵，这是新中国成立十多年来少有的。

第二天，《解放军报》的报道就跟上来了。《解放军报》在2月8日第一版头条位置以《雷锋的革命精神永放光辉》为题，介绍《人民日报》2月7日对雷锋的宣传内容，第三版以一个整版刊登了陈广生写的介绍雷锋事迹的长篇通讯《伟大的战士》。2月9日，《解放军报》又在第一版刊发社论《像雷锋那样做个毛主席的好战士》。2月11日，《解放军报》在第一版头条位置刊登了解放军总政治部号召全军开展宣传和学习雷锋的活动的通知，在第二版用三分之二的版面刊登了《雷锋日记摘抄》。中央报刊的“强手出击”，扩大了雷锋事迹的影响。

就在中央报刊宣传雷锋事迹的一两天后，人民日报社社长吴冷西打电话给我们，说刊登雷锋事迹的报纸发出去的当天，周恩来总理和邓颖超大姐在灯下读了这篇稿件。周总理亲自给吴冷西打来电话，总理说："雷锋是个好战士啊，要估计到这个战士影响很大，需要很好地宣传这个典型。"总理还说到，事实一定要核对好。比如，"唱支山歌给党听"这首诗，好像在哪里看过，是不是雷锋说的。再比如，"对同志像春天般温暖"，那段话是不是雷锋自己的语言。吴冷西要求我们根据周总理的指示，先把事实核对好。我们都行动起来了。军区让前进报社编委董祖修组织人整理雷锋日记，因为要得很急，雷锋日记全拆开了，整理完以后又让印刷厂整理复原。现在这些日记都有存档。沈阳军区同时还把雷锋的事迹汇报给军委，军委罗瑞卿秘书长专门做了"要好好宣传"的指示。

——佟希文　李健羽

"上书请旨"

1962年的6月，新华社记者在武汉东湖宾馆拍下了一张毛主席阅读《解放军画报》的照片，而这期画报里就有介绍雷锋事迹的专题图片。

1963年2月，周总理向毛主席推荐了雷锋这个好战士。毛主席仔细阅读了有关雷锋的报道。

同月，毛主席给《中国青年》杂志题词"向雷锋同志学习"。

当年在中国青年杂志社任总编辑、如今已是两鬓如霜的邢方群激动地回忆：雷锋不同于面对敌人铡刀无所畏惧、从容就义的刘胡兰，也不同于舍身堵枪眼的黄继光、手托炸药包英勇献身的董存瑞，雷锋是社会主义和平时期的英雄模范，他在地方、部队多个岗位工作过，是一颗闪闪发光的螺丝钉。他的事迹具有广泛的群众性和先进性，很有时代特点和现实教育意义。但是，怎样宣传呢？显然，杂志要想后来居上，就要更集中一些，更有深度，更有声势。大家经过热烈讨论和研究，决定出一期学雷锋专辑，并请毛主席和周总理题词。这个想法一提出来，大家又有点犹豫，毛主席工作那么忙，会不会题？但是，最后大家又认为，毛主席非常关心《中国青年》杂志，对宣传雷锋不会不支持，便决定试试看。大约在2月中旬，编辑部给毛主席写了一封请求题词的信，派人送到中南海西门传达室。过了两天，编辑部打电话给主席办公室的同志询问主席有何表示，那边回答，主席还未有什么表示。又过了两天，再打电话询问，主席办公室的同志告诉说，主席已答应题词了。办公室的同志还客气地问编辑部有什么要求，杂志社的同志说，杂志在3月1日出版，能否请主席在2月25日前写好。2月22日，中南海来电话，说主席题词已写好，请到中南海西门传达室来取。

中国青年杂志社在请毛主席为雷锋题词的同时，也写信请周总理题

词。周总理很快就派人送来了题词：“雷锋同志是劳动人民的好儿子，毛主席的好战士。”

后来，周总理又接到解放军报社请求给雷锋题词的信。周总理写下了四句话：“向雷锋同志学习：憎爱分明的阶级立场，言行一致的革命精神，公而忘私的共产主义风格，奋不顾身的无产阶级斗志。”

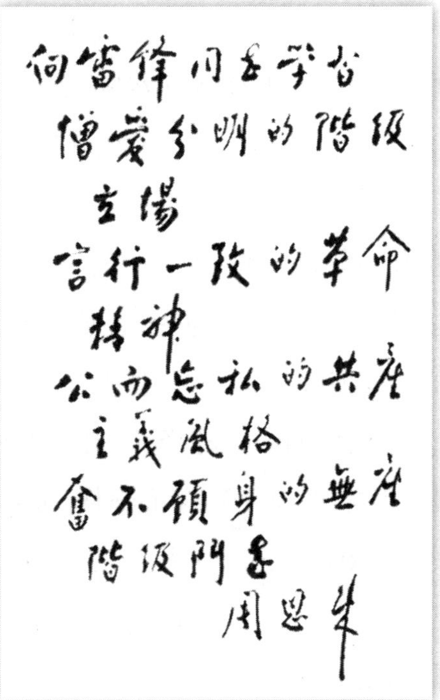

军事科学院副院长姜思毅中将、解放军报社社长吕梁同志，在 1989 年年底国防大学和解放军报社召开的“回顾与学习雷锋座谈会”上，从各自的角度，回忆了周总理题词的这段佳话。

会议休息时，周总理走进休息室找到姜思毅，对他说：“我要给雷锋题词，请你们帮我出出主意。”姜思毅当即把总政关于学习雷锋的通知精神汇报给总理，供总理参考。总理略加斟酌，写下了现在人们熟悉的那四句话。接着，周总理又热情地握着解放军报社总编辑华楠的手说：“请助我一臂之力，帮我想一句为雷锋同志的题词。”多方面倾听大家的意见后，周总理似乎对题词还不满意，他又找到了当时的解放军报社副社长胡痴，对他说：“我征求了总政同志的意见，写了几句话。但感到奋不顾身这句和前面的憎爱分明、言行一致、公而忘私几句不太对仗，请军报的同志帮我推敲推敲。”胡痴立即打电话给军报值夜班的副总编辑兼总编室主任吕梁。吕梁和夜班的同志深为总理这种一丝不苟的精神感动，立即逐字逐句地斟酌。一晚上提出了许多设想，比来比去，大家认为还是总理的题词对雷锋精神概括得比较准确，有点不对仗无伤大雅，便给周总理回了电话。周总理听了军报同志的话，在电话里停顿了一会儿，说："那好吧，就这样，照你们的意见办。”

其他中国共产党的第一代领导人也都为雷锋题了词,他们是刘少奇、朱德、董必武、邓小平、陈云、叶剑英。

这么多的领导人为一个普通的士兵题词，不约而同地把他的精神当作一面旗帜举起来，这在中国共产党的历史上是第一次。

人民和领袖共同选择了雷锋。“现在看来，雷锋的宣传突破了我党我军历史上所有英模宣传的规格，这不是哪个人要突破的，是群众的推动，群众要求向雷锋学习。毛主席题词就是‘向雷锋同志学习’，上下的心愿一致，所以，雷锋就能学得起来。”回顾往事，许多同志都发出这样的感慨。

热点互动

现在的雷锋墓是原址吗?

1962 年 8 月 15 日，雷锋因公殉职。雷锋是牺牲后第三天安葬的，灵柩用的是市委书记沈越给自己母亲准备的楠木寿棺，葬于戈布烈士公墓。

1964年4月，应望花区人民的要求，抚顺市在望花公园重建了雷锋墓。迁葬后的雷锋墓，虽然还是土堆式，但是在墓前竖立了石刻墓碑。这次迁葬的抬棺人中，有一位雷锋生前的战友，原海军副政委冷宽中将，他对那次迁葬记忆犹新："当棺木在戈布公墓挖出时，楠木寿棺还是完好无损的。"1969年，对雷锋墓进行了维修扩建，墓体扩为直径5米的半球形混凝土墓。

现在的抚顺市雷锋纪念馆是1983年在望花公园雷锋墓的基础上进行重建和改建的，按功能划分为六个区：凭吊区、展览区、碑苑区、雕塑区、青少年活动区和综合服务区。园区内主要有雷锋事迹陈列馆、雷

雷锋班战士和易秀珍一起扫墓

锋墓、雷锋塑像、雷锋纪念碑和青少年活动设施等。

雷锋墓占地400平方米，全部采用花岗岩结构。墓前有用汉白玉精雕的四季花卉花环，斜嵌在黑色的花岗岩方石上。墓后有一座长6米、高2.1米的灰褐色花岗岩石质卧碑，碑正面凹处刻有“雷锋同志之墓”六个金色大字，系当代著名书法家舒同书写；碑的背面刻有介绍雷锋生平的410字的行书，为书法家周而复所书。墓周围绕着苍翠的松柏。

从雷锋墓的几次变迁中,我们可以看到抚顺人民对雷锋的深厚感情。

07

第七张名片 现象雷锋

XIANXIANGLEIFENG

我们每年都会迎来一个春天的相会，

我们每天又都会为身边的雷锋而感动，

无数个“百姓雷锋”在人民的掌声中走出。

我们都是“雷锋人”，

我们都有一颗“雷锋心”。

进入吉尼斯纪录的士兵

2012 年 3 月，大世界吉尼斯上海总部负责人在人民大会堂，向北京学雷锋基金管委会会长颁发了奖牌，上面刻着“2012 年通过大世界吉尼斯纪录，雷锋是党和国家领导人题词最多的士兵”。

从 1963 年 3 月 5 日，毛泽东主席“向雷锋同志学习”题词发表以来，中央政治局常委以上的党和国家领导人给雷锋题词 19 人次，人大副委员长、全国政协副主席、国务委员以上的领导题词 25 人次，元帅、大将及上将题词 21 人次。

50 年来，中央各部门和大军区以上表彰的学雷锋先进个人 1500 多名，中共中央宣传部、国务院办公厅、解放军总政治部和团中央联合表彰的学雷锋先进个人 21 名，国防部、中央军委总政治部表彰的学雷锋先进个人 138 名，共青团中央表彰的学雷锋先进个人 121 名。

50 年来，在省级以上报刊发表的赞美雷锋的诗歌近 400 首。

50 年来，正式发表的赞美雷锋的歌曲 240 多首。其中，影响较大、广为流传的有两首：一首是《学习雷锋好榜样》，一首是《唱支山歌给党听》。

50 年来，关于雷锋的出版物达到 400 多种。

50 年来，出品了 30 多部关于雷锋的戏剧、电影、电视连续剧和纪录片。其中，电影《雷锋》《离开雷锋的日子》影响深远。

50 年来，抚顺雷锋纪念馆接待的参观人数超过 6000 万人次，其中接待外国友人 20000 人次。抚顺雷锋纪念馆、湖南雷锋纪念馆、沈阳军区雷锋纪念馆成为全国爱国主义教育和精神文明教育基地。

50年来，全国有2亿人次听过雷锋事迹报告，3亿人次参观过雷锋事迹展览，5亿人次看过学雷锋的电影。

雷锋作为荣获领袖题词最多的士兵被列入《吉尼斯世界纪录大全》

50年来，“雷锋班”收到群众来信40多万封。雷锋的生前战友和在“雷锋班”，包括雷锋生前所在团服役工作过的同志，都有一个共同的称呼——“雷锋传人”。“雷锋班”的班长已经到了25任，最大的70多岁，最小的二十出头，每一任班长都是学习雷锋的先进标兵。雷锋生前所在连成为全国少先队辅导员培训基地，雷锋生前的班长薛三元在沈阳成立了雷锋战友弘扬雷锋精神研究会，雷锋生前所在团政治处秘书、原海军副政委冷宽中将在北京成立了中国社会福利基金会学雷锋基金管委会，雷锋生前的战友、原雷锋生前所在团团长宋清梅在河南邓州成立了“编外雷锋团”。

“雷锋班”收到的来信

50年来，每年的3月5日都是学习雷锋的日子，从中央到地方，从城市到农村，从厂矿到学校，不约而同地组织开展各种形式的学雷锋树新风活动。

近几年，丰富多彩的雷锋网站遍布网络，只要你输入“雷锋”两个字，就可以在网上查到有关雷锋的海量信息。

这就是植根于中华大地的雷锋现象。

一个只有22岁的短暂生命，永远活在了亿万人民心中。

毫无疑问，雷锋是现代史上的著名人物，是一个贴近百姓生活的鲜活人物，在他身上寄托了共产党人孜孜不倦的奋斗理想，寄托了中国老百姓的美好愿望，也包含了人类文明的共同追求。这一切汇集成一条道德文明的大河滚滚向前，让我们一起乘坐“雷锋号”巨轮，沿着这条大河，穿越时空，回访那一个个曾经驶过的港口。

首站：“60港”，探问七字

我们把20世纪60年代比喻为“60港”，在这里走来了一个普通的士兵雷锋，他在毛泽东的视野里越走越近，最后站住了，变成七个大字：“向雷锋同志学习！”中国人至今仍把毛泽东亲切地称为毛主席，他是那个时代伟大的舵手。我们不妨走进毛泽东这个伟人的内心世界，去揣摩一下，他为什么如此看重这个小个子士兵？为什么他给雷锋的题词只是短短的七个字？

1963年早春，中国青年杂志社请求毛主席给雷锋同志题词的信放到了毛主席的案头。几天后，毛主席对秘书林克说：“你先拟几条给我看看。”林克给毛主席起草了十几条题词，内容大致有：“学习雷锋全心全意为人民服务的思想”，“学习雷锋鲜明的阶级立场”，“学习雷锋大公无私的共产主义风格”等。

2月22日早晨，值班警卫员打来电话说，主席让林克来一下。林克立即赶到了毛主席居住兼办公的菊香书屋。

毛主席从书堆上拿起一张信纸递给他，上面用毛笔写着潇洒飘逸的七个大字：向雷锋同志学习。

毛主席用询问的目光看着林克，“你看行吗？”

“主席写得很好，非常概括。”林克发自内心地赞叹。

“是吗？”毛主席似乎是解释他为什么没采用林克草拟的题词，讲了一段非常重要的话，林克一字不差地记录了下来：

学习雷锋不是学他哪一两种先进事迹，也不是学他的某一方面优点，而是学他的好思想、好做法、好品德。

学习他长期一贯地做好事，不做坏事。

学习他一切从人民的利益出发，全心全意为人民服务的精神。

当然，学雷锋要实事求是，扎扎实实，讲求实效，不要搞形式主义。

不但普通干部、群众要学雷锋，领导干部也要带头学，才能形成好风气。

在这之前，毛主席对罗瑞卿说过："雷锋值得学习啊！向雷锋学习，也包括我自己。我也要向雷锋学习。"

5月11日，在中央的一次杭州会议上，毛主席又一次谈到雷锋。他说："雷锋日记你们看过没有？我看过雷锋日记的一部分，此人懂得一点哲学。"领袖的感慨中露出几分赞许。在座的高级干部，跟着毛主席几十年，很少听到过他对哪个人做出"懂得一点哲学"的评价。从这个特殊的评价中，人们对雷锋这个士兵的认识更深了一层。

毛主席还对自己的子女毛岸青、李敏、李讷说："我们要向雷锋同志学习。"

在望城雷锋纪念馆，有一幅未曾发表过的毛主席为庐山疗养院护士钟学坤写的题词："学习白求恩，学习雷锋，为人民服务。"落款日期是1965年8月30日。

毛主席的这个题词把七个字的"向雷锋同志学习"扩展到14个字，把他在不同时期倡导学习的先进人物和一贯提倡的精神写在一个题词上，更显坚守党的宗旨之执着！

毛主席明确提出向某人学习，只有三次。

第一次：白求恩。这位加拿大医生不幸殉职的消息传到延安，领袖展纸挥笔，写下了一篇感人至深的祭文《纪念白求恩》。毛泽东这篇著作中关于“八个字”和“五种人”的论述，在党和人民中广为流传，也深深影响和教育过雷锋。

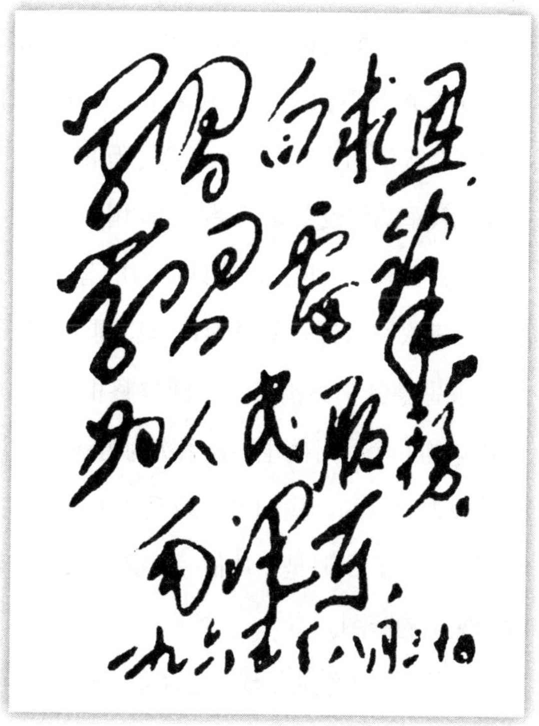

“八个字”：“白求恩同志毫不利己、专门利人的精神，表现在他对工作的极端的负责任，对同志、对人民的极端的热忱。每个共产党员都要学习他。”“五种人”：“一个人能力有大小，但只要有这点精神，就是一个高尚的人，一个纯粹的人，一个有道德的人，一个脱离了低级趣味的人，一个有益于人民的人。”

第二次：张思德。他是中央警卫团的一名警卫战士，1944年9月5日，在陕北安塞烧炭时因炭窑崩塌牺牲。1944年9月8日，中直机关、中央警卫团在杨家岭召开追悼会。毛主席亲笔题写了挽联“向为人民利益而牺牲的张思德同志致敬”，并做了著名的讲话《为人民服务》。毛泽东在这个讲话中阐述了共产党和共产党领导的军队的宗旨：“我们这个队伍完全是为着解放人民的，是彻底的为人民利益工作的。”从哲学意义上讲明了生命的价值：“人总是要死的，但死的意义有不同……人固有一死，或重于泰山或轻于鸿毛。为人民利益而死，就比泰山还重……”还讲到了人民军队新型的内部关系：“我们都是来自五湖四海，为了一个共同的革命目标，走到一起来了。……我们的干部要关心每一个战士，一切革命队伍的人都要互相关心，互相爱护，互相帮助。”这个讲话对我党我军的建设发挥了深远的作用。雷锋生前反复学习过《为人民服务》，并把它作为自己做人处世的指南。

第三次：雷锋。从学习白求恩到学习张思德，中间相隔五年；从学习张思德到学习雷锋，中间整整相隔了18年。但是，毛泽东仅在1963年的五个月时间里，就多次为雷锋这个普通的战士题词和做讲话，这是极为罕见的。我们无法同毛泽东这位伟人面谈，聆听他老人家心中的宏图大业，但是，从他一次又一次对雷锋的极高评价中，看到了领袖胸中的蓝图。

那是一个火红的年代。毛泽东“向雷锋同志学习”的号召，像一股强劲的春风荡漾在神州大地。刊登毛主席题词的《中国青年》杂志发行达800万份，仍然供不应求。有一位炊事员来信说，他买不到这一期《中国青年》杂志，就只好借了一本手抄下来。后来，这本手抄《中国青年》杂志在编辑部展出时，周总理仔细地翻阅，称赞这位青年的刻苦学习精神，要求杂志社经常把青年中这类动人事迹向他反映，并要求杂志社扩大发行量，多向农村发行。

雷锋事迹引起了强烈反响。解放军总政治部和团中央举办的雷锋事迹展览会反响强烈，观众达80余万人次，留言2.2万条。中国青年报社在 40 天内就收到学雷锋的群众来信 1.58 万件，比以往任何一次宣传的来信都多。

在雷锋精神的感召下，大批雷锋式的模范人物涌现出来，如见义勇为、舍己保护铁路旅客安全的爱民模范欧阳海，在抗洪抢险中英勇献身的优秀共青团员谢臣，在暴风雪中保护集体羊群的草原英雄小姐妹龙梅和玉荣，为抢救两名落水少年而英勇牺牲的模范共青团员张英勇，头部受伤仍坚持作战的海军战士麦贤得，为保护群众舍身扑向意外爆炸点的战士王杰，为抢救 36 名少年而拦截惊马英勇牺牲的刘英俊……他们都有一个共同的名字——“雷锋”。刘英俊在他的日记中写道：“雷锋啊，我的战友！你的生命，在我身上延续；你的热血，在我身上沸腾。”

学习雷锋活动极大地促进了领导干部的自身建设。廉洁为民、深入基层、造福百姓，成为当时领导干部一个鲜明特点。县委书记的好榜样——焦裕禄，就是当年最突出的代表。

雷锋的价值在于解决了人生的根本问题。著名诗人贺敬之在他的《雷锋之歌》中写道：“1963 年春天，使我们如此的激动！历史在回答，人，应该怎么生？路，应该怎么行？”著名书法家、诗人魏传统在诗中更是点明了，雷锋解决了“怎样做人，为谁活着？”的人生根本命题，他说：“使别人过得更美，就是你最大的快乐。”

雷锋的螺丝钉精神引起热议。董必武赞扬雷锋：“螺丝钉不锈，历史色长新。”胡乔木在诗中赞美雷锋：“身是螺钉，心怀天下。”

雷锋的好学风受到高度评价。革命老前辈谢觉哉称赞雷锋：“说到做到心宽广。”著名诗人、学者郭沫若在《满江红》中赞扬雷锋：“日记抄，字字出肝肺，言行一。”农民作家赵树理在诗中写道：“雷锋向谁学，毛选启其蒙。毛选人人看，原文部部同。学来何以异？每在力行中。”中国佛教协会会长赵朴初赞扬雷锋：“为善不辞心力，为学只争朝夕。”

雷锋的平凡而伟大更成为其精神的标志。刘少奇主席号召全国人民向雷锋学习的同时，也教育自己的子女要向雷锋学习。小女儿刘平平14岁生日时，他专门写了一封鼓励女儿学雷锋的信。

希望你能有决心做个进步的、革命的青年，做个有远大共产主义理想、具有雷锋式的平凡而伟大的共产主义精神的青年，这样，才能够真正继承革命前辈的伟大事业。雷锋是全国人民学习的榜样，更是青年人的楷模，你要像雷锋那样刻苦学习，热爱劳动……应该时时刻刻用雷锋精神激励自己。

——刘少奇

50年之后，我们再来领会毛主席“向雷锋同志学习”七个字的含义，会产生一种顿悟：毛主席没有具体地说向雷锋学习什么，但却为学习和研究雷锋提供了一个广阔的思想天地。个人的雷锋一旦成为一个时代的雷锋，整个人民的雷锋，人民就会从不同的角度去感知他，去学习他，由此而形成了学雷锋活动的广泛性、群众性、持久性。由此足见毛泽东的深谋远虑！

当年送雷锋当兵的老红军余新元对我们说：“主席‘向雷锋同志学习’这个题词我读了几十年，领悟了几十年，毛主席说这个‘向’，是谁向雷锋学习呢？我终于明白了，那就是他老人家首先自己要向雷锋学习！”

第二站：“70港”，智请雷锋

十年内乱，学雷锋被扭曲了，雷锋成了“变形金刚”。为了适应阶级斗争为纲的需要，雷锋精神被贴上了另外的标签。

如果说1966年以前的学雷锋活动振奋了亿万人民建设社会主义道德大厦的豪情壮志，修补了因反右扩大化、反右倾、三年困难时期造成的人与人之间的冷漠和隔阂。那么，在这场新的要揭开阶级斗争的盖子，要层层揪出“党内走资派”，把他们打翻在地，再踏上一只脚，叫他们永世不得翻身的政治斗争中，雷锋精神也必然要经受一场“革命”了。但是，学雷锋活动毕竟是毛主席的号召，从哪儿下刀？用心险恶的“四人帮”一伙终于找到了靶子。

当时，被诬陷为“中国的赫鲁晓夫”“党内头号走资本主义道路的当权派”的国家主席刘少奇同志，曾为雷锋题词：“学习雷锋同志平凡而伟大的共产主义精神”。被称为“党内第二号走资本主义道路的当权派”的邓小平，为雷锋题的词是：“谁愿当一个真正的共产主义者，就应该向雷锋同志的品德和风格学习。”

“平凡而伟大”，这正是雷锋身上最为显著的特征。“平凡”使雷锋永远站在人民之中，“伟大”又使雷锋永远给人以感召。“平凡”使人能学，“伟大”则令人要学。共产主义的“品德和风格”，是雷锋身上的闪亮发光处，也是共产党人建设社会主义的道德大厦的基石。社会主义需要千千万万的一代新人，而雷锋正是他们的榜样。

然而，“四人帮”按照他们的逻辑对“平凡而伟大”“品德和风格”进行了无理的歪曲和批判。

1970 年 3 月 5 日，报纸上发表了一篇文章，文中写道：“雷锋同志是在十分尖锐复杂的阶级斗争大风大浪中成长起来的无产阶级先锋战士。党内最大的一小撮走资派肆意歪曲雷锋同志的高大形象，把雷锋同志说成是‘和平时期’的典型，抽掉阶级斗争的灵魂，胡说要学习雷锋的什么‘平凡而伟大’的‘品德和风格’，要人们忘记阶级斗争和无产阶级专政，以便他们复辟资本主义……”

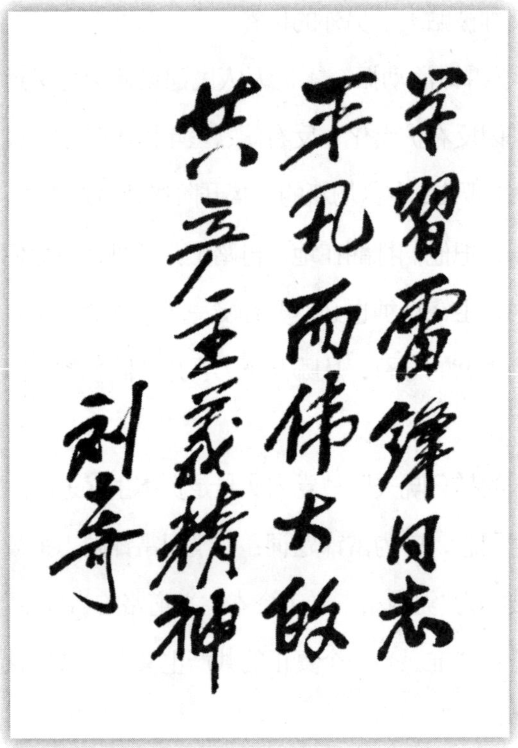

就这样，刘少奇和邓小平的题词被打上了“×”，受到了重炮轰击。

报纸上还刊登这样一篇报道：小周同志帮助一个社员往地里挑粪。他想通过做这些平凡的小事，可以更好地联系群众。他这样做不但没受到称赞，相反却遭到了同志们的批评反对。原来，那个社员是有粪不交给集体，利用上工时间往自留地里挑粪。这件事对小周教育很大。他说：挑一担粪看起来是一件平凡小事，但却存在着两条道路的斗争。活生生的阶级斗争，使我们深刻地认识到：学习雷锋首先要学习他爱憎分明的无产阶级立场，绝不是学习他什么“平凡而伟大的共产主义精神”。

今天读起这则报道叫人啼笑皆非，但这种荒唐的“故事”，在那个年代的报纸上随处可见。在那个一切都被颠倒的年代，几乎很少有人能

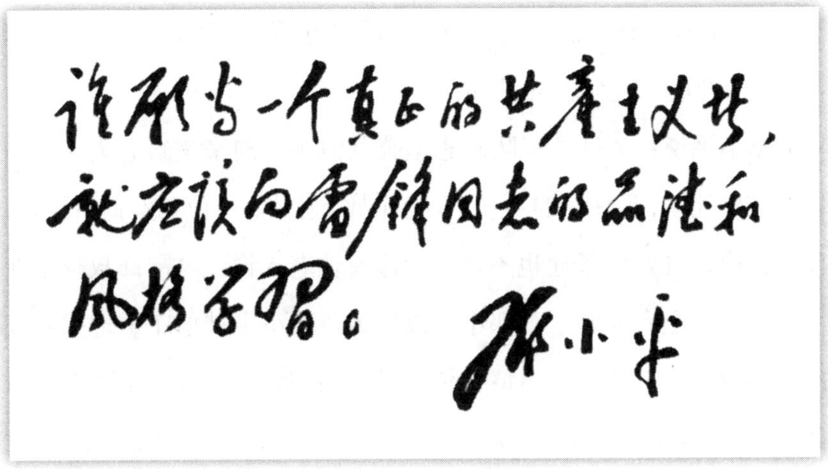

逃脱这种“左”的“洗礼”。按照做好事也要分阶级、讲路线的荒唐逻辑，在公共汽车上，给抱孩子的妇女、颤颤巍巍的老太太让座之前，必须首先搞清楚她是资本家的小姐，还是老工人的女儿，是压迫穷人的地主婆，还是贫农老大娘，这才能决定让不让座。还要弄清，她们是“为革命”在这里挤车，还是为了个人的事乘车。按照这个逻辑，一个人掉进河里，高呼救命，救他前要先弄清他的政治面貌，是因为什么掉进河里的，总

不能把一个反革命或是杀人犯救上来吧！这是那个“左”的时代的悲剧，这是被扭曲了的雷锋精神的悲剧！

1975年，被毛主席、周总理重请出来的邓小平，受命于危难之际，在极度困难的情况下，以他对党、对人民的耿耿忠心，与“四人帮”展开了殊死一搏。整顿农业，整顿工业，整顿党的作风，整顿军队，整顿科技……“各方面都要整顿”。“整顿！整顿！”成了当时最鼓舞人心的字眼。7月14日，邓小平在京西宾馆主持他复出以来的第一次军委扩大会议，明确提出了“军队要整顿”。面对全军高级将领们，这位三军总参谋长在讲到军队在“文化大革命”中出现的问题时，出人意料地举了一个群众中广为流传的笑话。

邓小平说：“过去军队同志坐公共汽车，向来是给老人、带娃娃的妇女让座，现在有的不让了。有个战士坐车，一位妇女抱着娃娃，他不让座，娃娃哭了他也不理。旁边有位老人说，‘雷锋叔叔不在了’。”场上有人笑了，邓小平没有笑。邓小平神情庄重地望着在座的将领们：“从这个事情上是可以看出问题的。我们军队在这方面本来有很好的传统，”邓小平停顿了一下，手指激动地点着，“这方面的例子多得很，如果认为这些都无关紧要，没有警觉，那是很危险的。”

高级将领们听懂了。当时在场的沈阳军区司令员李德生暗暗为邓小平的高超智慧所敬佩，小平同志不愧是一位柔中有刚、绵里藏针的政治家！

小平同志讲雷锋，就是举的为人民服务这面旗，就是举的我军光荣传统这面旗。雷锋是毛主席树的，林彪、“四人帮”不敢公开反对，他们只能偷梁换柱。林彪死了，“四人帮”还在台上。怎么把雷锋的精神正过来，小平是动了大脑筋的，他只能这样讲，我们都听懂了。

——李德生

邓小平的讲话，道出了人们早已憋在心头的想法。许多部队重新提出了“学雷锋树新风”的口号，车站、码头、公共汽车上又出现了“雷锋”的身影。一个多月以后，《解放军报》上刊出了一篇反映广州军区某师学雷锋的消息。尽管消息的主题还是讲坚持无产阶级专政下继续革命，但在文中却巧妙地出现了“学雷锋树新风，对同志像春天般温暖”的文字。这是人们熟悉的令人温暖的雷锋语言，但，久违了！

20 世纪 60 年代，邓小平满怀激情地为雷锋写下了题词，他本人与他的题词都遭到了荒谬的批判；70 年代，当邓小平要重新树起雷锋这面旗帜时，又一次遭到“四人帮”的攻击。然而，当打不倒的邓小平 1977 年再次站在中国政治讲台上时，他第三次讲到了雷锋。他说：“1975 年我讲过‘雷锋叔叔不在了’，‘四人帮’对此大肆攻击、诬蔑，其实这不是我的话，是老百姓的话。”

是的，他是在代表人民说话。

历史，永远记住小平的这一功绩。

第三站：“80 港”，被冲击的雷锋

20 世纪 80 年代初，在中国迈向改革开放的政治、经济背景下，个

体命运、个人价值被空前关注。

“文化大革命”结束后，我们党拨乱反正，纠正“左”的错误，重新匡扶雷锋“活着就是为了使别人过得更美好”的科学人生观，一些人却把党过去犯的部分错误，看成是整个党都错了，把否定错误变成否定一切，受骗的怨怒使他们怀疑雷锋人生哲学的真实。

每当青年困惑、迷茫和探索之际，总有那么一些人以别有用心的蛊惑去影响青年，使他们陷入更深的困惑，这就使得人生意义的论战变得复杂起来。

打开那会儿的一些报纸，也常常可以看到像“大公无私”“毫不利己、专门利人”“一不怕苦、二不怕死”这些庄严的口号受到了批评，雷锋精神受到了嘲讽。

中国人民大学一位伦理学专家对20世纪80年代的报刊进行分析研究，发现有的报刊对攻击和否定雷锋精神的“新观念”表现出极大的兴趣。主要是：80年代初，有所谓雷锋精神是驯服工具、奴隶主义、个人崇拜、现代迷信的产物等言论；后来伴随着商品意识的宣传，又有什么雷锋是傻子、愚忠典型、草奴人格等谬论流传。80年代中期，对雷锋精神的歪曲和攻击进一步升级，在否定传统文化的喧嚣中，把雷锋描绘成封建道德的产物，说雷锋精神是为专制服务、压抑个性，学雷锋是对人性的践踏，对自由的束缚。80年代后期，则是鼓吹价值重估、道德重建，提出不做雷锋式的听话奴隶。

真理一旦受到嘲讽，它便会在现实中嘲讽那些嘲讽者。

1979年12月8日，北京市108中学生鲍文利在龙潭湖不慎落水，危急时刻，空军某部气象站教导员张福阁带领几个战士跑来。岸边，几个见死不救的青年人大声喊叫："大兵，快跑啊，立功的时候到了。"码头老工人阎增福破冰划船赶来营救。他们又喊："这些人想入党啦。"落水者被救上来了，然而，心灵的落水者不正在可怕地下沉吗？如果中国共产党人倡导的雷锋精神真的在大地上消失，落水者和心灵的落水者要由谁来相救？

1980年，一封署名"潘晓"的来信，在全国青年中引发了一场人生价值的大讨论。

潘晓过去对人生也曾充满了憧憬和幻想。上小学的时候就听人讲《钢铁是怎样炼成的》和《雷锋日记》，英雄的事迹曾激动得她一夜一夜睡不着觉，大段地抄写书上的名言，也开始形成最初的也是最美好的人生看法——"人活着就是为了使别人生活得更美好"。然而"文化大革命"开始了，她看到的是抄家、武斗、人整人。她无法上学，沦为社会青年，后来她和一个父亲受迫害的干部子弟相爱了，没想到"四人帮"被粉碎后，那个干部子弟翻了身就抛弃了她。她的心彻底碎了。她开始拼命地从黑格尔、达尔文那里找真理，她似乎看到了人生意义的答案：任谁也逃脱不了本身的规律，在利害攸关的时刻谁都是按人的本能进行选择，人都是自私的，没有什么高尚的人。

这位化名为"潘晓"的女青年以挑战者的姿态，告诉编辑部：这封信如果你们敢于发表，我愿意让全国的青年看看。《中国青年》杂志迎接了这个挑战，公开发表了潘晓的来信。

1982年10月，中国人民解放军第四军医大学年轻的大学生张华，为救一位不慎落入粪池的老农民而牺牲。一封署名“多言”的来信，竟冷漠地提出了：一位大学生救一位69岁的老农民，是“拿了金子去换取等量的石子”，不合算。

张华这种奋不顾身抢救老农的精神确实可嘉，但他是否有必要冒死一救，值得我们大家考虑。

张 华

张华正值21岁的青春年华，又是军医大学三年级的学生，正是祖国社会主义建设所需要的人才，而老农已是年过花甲，69岁高龄了。我也承认老农能给社会做出一定的贡献，但可想而知，老农的这点贡献，是无法与张华在以后的时间里所做出的贡献相比的。

再则，国家培养一名大学生，是很不容易的，他自身的价值远远大于一个老农的价值，所以作为一名大学生，应该懂得自己生命的宝贵，要用自己有限的生命去为国家创造大于本身价值的价值，而不是去换取一个69岁老农的生命。拿了金子去换取等量的石子，总是不合算的。

所以，我认为，我们每个人，在做每一件事的时候，都应该考虑整个国家、整个民族的利益和国家寄予自己的期望，而不能感情用事。

——多言

多言的来信实质上是对人性的挑战。人的生命能像商品一样称一称它的轻重吗？为什么在有着几千年文明礼仪之邦之称的中国，会出现如此可怕的道德滑坡？雷锋在经受着考验。共产党人倡导的人生观、价值观、世界观在经受着考验。围绕潘晓、多言争论的背后，悬挂着“为谁活着、怎样做人”这一人生第一命题的考卷。

邓小平早就敏锐地注意到了这一切。1979 年 3 月 30 日，邓小平在《坚持四项基本原则》讲话中指出：“林彪、‘四人帮’把我们的党和政府搞乱了，把我们的社会搞乱了，也把不少青少年毒害了，社会主义的道德风尚受到了严重的损害。……我们一定要教育好我们的后一代，一定要从各方面采取有效的措施，搞好我们的社会风气，打击那些严重败坏社会风气的恶劣行为。”

1980 年 6 月 18 日下午，中共中央书记处书记胡乔木同志来到《中国青年》编辑部，详细地了解了围绕潘晓来信的讨论情况。

我们的社会有弊病，同时存在着同弊病做斗争的力量，而且这个力量已经走向上风。1976 年到 1980 年的编年史说明，历史进步的潮流是不可逆转的。领导这个潮流的人并不是孤单的少数，他们同大多数人结合在一起。虽然前进的道路上障碍还不少，但是要战胜这个前进的力量是不可能的，要这个前进的队伍放下他们手中的火炬是不可能的。现在各个岗位上还有各种各样的人，不少基层单位还有坏人坏事，但也都有打击这些坏人坏事的积极分子、好的共产党员和好的领导人。好人好事并不像一些青年同志所感觉的那样老是占劣势，相反，光明总是在斗争中不断增长，当然也永远不会有百分之百光明的极乐世界。这就是我们面前的一幅人类历史前进的图画。

——胡乔木

胡乔木同志的谈话不胫而走，大家为共产党人开一代平等讨论的新风而欢欣鼓舞。在短短的七个月时间里，《中国青年》编辑部便收到了6万多封参加讨论的来信。其中，有工人、农民、解放军战士、大中学生，也有教师、机关干部、待业青年、农村知青，有初出茅庐的青年作者、青年演员，也有革命前辈、将军。在这样大的范围里，这样集中的时间内，多种观念平等探讨而又尖锐碰撞；如此多的人，在共产党人的指导下，共同索解人生第一命题。这在中国的历史上是没有过的，在世界历史上也是罕见的。

在这期间，祖国的南疆正在进行一场自卫反击战。多少十八九岁的年轻战士为了捍卫祖国的疆土，把生命留在了那里，难道他们是“主观为自己，客观为别人”吗？生死关头，他们“暴露”出的人的本性是自私吗？答案不辨自明。这成为人生意义大讨论的一个鲜明佐证。山东大学的大学生们自发地喊出了“战士在我心中，祖国在我心中”的口号。一个以学习英模为人生目标的教育活动，经共青团中央推广，在全国大学生中展开了。

1981年2月24日，《中国青年报》以“我们的报告”为题，向广大读者报告持续了八个月之久的人生意义大论战的结果。九天以后的3

月5日，《中国青年报》以整版的篇幅发表了社论《再论雷锋》。这是该报继1963年发表《论雷锋》社论后，写下的又一篇论雷锋精神的力作。

1983年3月4日，在首都各界隆重举行的纪念向雷锋同志学习20周年大会上，胡乔木代表中国共产党和中国政府，对人生第一命题，向中华人民共和国所有的公民再一次宣读了共产党人的答卷：

雷锋的一生是短暂的，但他的影响却奇迹般地在全中国流传不息……

人为什么而活着？应该怎样做人？有史以来，一切时代的，有正义感的人都在寻求对这些问题的正确答案……

雷锋虽然只活了22岁，但是，他对人生根本问题的答复，不但指导着当时和现在的青年的思想和行动，也指导着当时和现在的中年和老年的思想和行动。

雷锋能度过商品经济发展时期吗？

1988年某日，近年来一直冷清的雷锋纪念馆，来了两个特别参观者。一位富裕起来的河南农民，带着他的儿子专程来到这里，不是为了旅游，不是为了观光，只为让儿子认识雷锋，让他知道在这个世界上还有比金钱更可贵的东西。雷锋纪念馆的同志为这父子俩安排了专场介绍。这位有了钱的农民显然是个有远见的人，他和儿子是在雷锋纪念馆最受冷落时期来到这里的参观者之一。

远的不说，就说1983—1988年参观的人数吧。

1983年至1985年的三年，182万多人次。

1986年至1988年的二年，23万多人次。

其中，1988年仅来了20570人次，包括那专程而来的父子俩。

1987年，一封插着三根白羽的鸡毛信飞进了“雷锋班”，这封信是首都朝阳区呼家楼第一小学四（一）中队的少先队员寄来的。信中写道，他们成立了学雷锋小组，做了不少好事，但活动开展得不顺利，而且还有人泼冷水说怪话，他们迫切希望与“雷锋班”的叔叔取得联系，得到关怀、指导和鼓励。信的末尾写道：“十万火急！请速回信！”几乎在这同时，又一封插着六根红羽的鸡毛信飞到了“雷锋班”，随信寄来了自制的300个信封，信中说：“亲爱的雷锋班的叔叔们，请你们用这信封给你们的亲人和全国各地的人们写信吧！我们更渴望你们能用这信封也给我们来一封信，我们知道你们很忙，哪怕是一句话也行，我们会像收到雷锋叔叔的来信一样高兴的。”这封来自阜新蒙古族自治县泡子镇中心小学四年级二班全体少先队员的来信，使“雷锋班”的战友们深受感动。“鸡毛信”这个出现在抗日战争中的动人故事，如今在20世纪80年代的中国重新出现。从三根白羽的鸡毛信到六根红羽的鸡毛信，说明了我们的孩子们对雷锋精神多么渴望，他们仍然需要可爱的雷锋叔叔和他们在一起。

1989年4月，雷锋生前所在团在三天之内收到来自中共巢湖军分区委员会、共青团巢湖地委发来的两封“加急”电报。电报写道：为弘扬雷锋精神，我们巢湖地区掀起了学雷锋热潮，但也遇到了一些问题。急请你部派人来帮助指导。面对巢湖人民的“加急”呼唤，团党委召开了一次“加急”的会议。刚刚到外地做报告归队的雷锋生前所在连指导员欧阳华初，第二天便用“加急”的速度赶往巢湖。

从到雷锋纪念馆参观的人数增减的“晴雨表”，到十万火急的鸡毛信和一封又一封的加急电报，从一个侧面反映了雷锋的人生价值观在社会上被认同的程度。我们这个社会还需要不需要雷锋，这样一个深层的思考已经从高层波及了普通的老百姓。

这绝不是一个简单的分析判断。从20世纪60年代中国大地兴起学雷锋活动以来，雷锋已经同我们的社会、同老百姓的生活息息相关。经济要综合平衡，生态要平衡，社会也不能失去平衡。拜金主义、损人利己、以权谋私、贪污腐化……这些我们始终未能完全根除的丑恶，极容易得到商品交换这块经济土壤的滋养，并腐蚀我们社会的肌体。我们不仅要依靠法制的打击和匡正，我们也需要道德的感化力，需要在社会生活中大力倡导雷锋精神。

第四站："90港"，社会的呼唤

20世纪90年代，国际局势发生巨大动荡，苏联解体，东欧剧变……

1989年6月，党的十三届四中全会上，形成了以江泽民为核心的新的中央领导集体。9月29日，江泽民在国庆讲话中指出："我们要深刻吸取近几年来物质文明建设和精神文明建设中一手硬一手软的教训。"

80年代，中国共产党面临着执政以来的严峻考验。从1982年到1987年的六年间，中国共产党开除党员17.7万余人，其中地师级以上干部37人，县团级干部367人，科营级干部1717人。被开除出党的人所犯的错误首推经济类犯罪，商品经济的大潮中，拜金主义，利己主义，打倒了一批意志薄弱的党员领导干部……这些共产党员严重背离了我们党神圣的那五个字："为人民服务"。他们的所作所为，一方面使人民群众痛心疾首，另一方面令一些敌视社会主义的势力幸灾乐祸。

1989年以来，邓小平连续在三次重要谈话中都一针见血地指出了要惩治腐败。他语重心长地说："做几件使人民满意的事情。主要是两个方面，一个是更大胆的改革开放，另一个是抓紧惩治腐败。"邓小平还说："只要有一个好的政治局，……能够成为榜样的，就是在艰苦创业反对腐败方面成为榜样的，什么乱子出来都挡得住。"邓小平在和访问中国的美籍华裔学者李政道教授谈话时说："我们要反对腐败，搞廉洁政治。"

1990年3月，党的十三届六中全会向全党提出："全党同志必须保持高度警觉，并坚持不懈地同这些现象进行斗争，尽一切努力恢复和发扬我党密切联系群众的优良传统和作风。"全会通过了《中共中央关于加强党同人民群众联系的决定》。

这个决定顺应了人民群众呼唤雷锋，特别是强烈要求领导干部带头学雷锋的意愿，它明确提出："全体共产党员和党员干部，都要带头学习雷锋，一切为群众着想，做人民的公仆。"在党的全会决定中，提出全党和党的干部带头学雷锋，这是首次；把学雷锋同与人民群众的密切联系并提而论，这也是首次。提法上的"首次"，其实又回到了当年以毛泽东为代表的第一代中央领导集体要求学雷锋为人民服务的本源上，毛主席当年讲，"向雷锋学习也包括我自己"，就要求党的领导干部带头学雷锋。

1990年3月20日，全国人大七届三次会议在京召开。在庄严的人民大会堂，李鹏总理在政府工作报告中强调："把作为社会主义精神文明建设重要组成部分的学习雷锋活动，更加广泛、更加扎实、更加深入持久地开展下去。”这是在政府工作报告中首次写进学雷锋。李鹏在答中外记者问时指出：“雷锋精神的实质就是全心全意为人民服务。我们每一个政府的工作人员，包括各级政府的领导人，要在学雷锋的活动中把自己摆进去。”

1990 年 5 月 19 日，中国延安精神研究会在北京成立，163 名老延安齐聚一堂，大声疾呼要把延安精神传播到广大人民中。同一天，江泽民总书记为《共产党人》杂志题词：“延安精神永放光芒”。

中央军委领导在沈阳军区调研时，明确提出各级领导干部都要带头学雷锋，率先实践雷锋精神，以自身的模范行动去影响和带动基层干部战士学雷锋。在总政治部的支持下，解放军报社和中国人民解放军国防大学、中国人民大学、全军院校协作中心、沈阳军区政治部，先后组织了“学习雷锋回顾与展望理论研讨会”“雷锋精神与当代大学生理论研讨会”“雷锋精神与领导干部总结交流会”，这些会议引领学雷锋活动舆论之行，受到了军内外的广泛好评。会议提出的“我们的时代呼唤雷锋精神，我们的人民怀念雷锋精神，我们的军营需要雷锋精神”，表达了全国军民的共同心声。

1990 年 5 月 7 日，河南省委决定在全省各级干部中开展做焦裕禄式的好干部活动。5 月 21 日，在焦裕禄工作过的兰考县，来自河南、山东的 26 位县委书记和县长向全国的县委书记和县长发出倡议，争做发扬和实践焦裕禄精神的带头人，成为人民群众信任和爱戴的公仆。

延安精神、雷锋精神、焦裕禄精神，都是全心全意为人民服务的无私精神，是共产党人倍加珍惜的精神财富，谁掌握了这个精神财富，谁

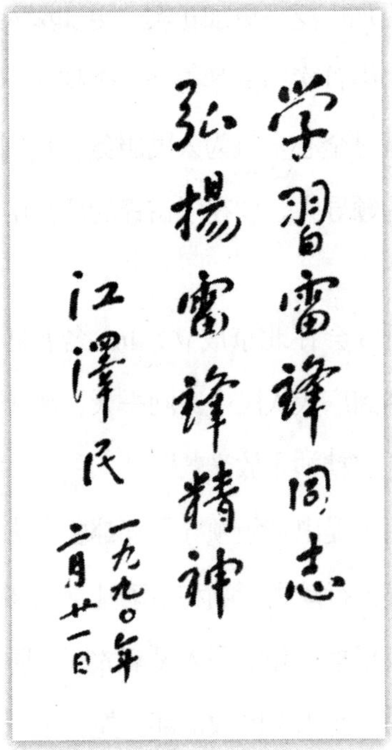

就会得人心。当它被一些人丢失并造成种种令人痛心的损失之后，才更显它的宝贵价值。

1990 年 9 月 29 日，江泽民主席来到抚顺雷锋纪念馆，亲笔为沈阳军区雷锋纪念馆题写了馆名。在雷锋墓前，江泽民说：“我提议，向雷锋同志三鞠躬。” 江泽民对“雷锋班”的战士说：“雷锋不仅是解放军的光荣，同时也是中国人民的光荣。”这一年 2 月 21 日，江泽民题词：“学习雷锋同志　弘扬雷锋精神”。

1991 年 5 月，中央军委对张子祥（沈阳军区学雷锋典型）、李润虎（兰州军区学雷锋典型）、李志军（北京军区学雷锋典型）等进行了较大规模的集中表彰，授予他们“学雷锋模范”荣誉称号。同时，主流媒体把目光投向更多、更平凡的人物。普通的上海水电维修工徐虎和北京公共汽车售票员李素丽等，他们都在平凡的岗位上，用自己的一言一行诠释着雷锋精神。

1993 年 3 月 4 日，时任中央政治局常委的胡锦涛在纪念毛泽东等老一辈革命家为雷锋同志题词 30 周年大会上的讲话中，对雷锋的巨大影响力做了精辟概括：“一个只有 22 年短暂生命的普通共产党员，能够赢得亿万人民如此崇高和长久的敬意；一个普通的战士所表现出的高贵品质，能够激励几代人的健康成长；一个群众性的活动，能够在几十年历史进程中延续不断，影响一个时代的社会风尚，这表明雷锋精神对于我们这个民族和社会过去具有、现在仍然具有重大价值和时代意义。”

第五站：“21 世纪港口”，道德建设中永远的榜样

让我们把历史的航船开到现在。21 世纪以来，学习雷锋更注重对雷锋价值的重新发现。雷锋不再是“完美的英雄”，而是以一个有血有肉的、生动可爱的、真实亲和的青春形象，出现在新世纪的视野里。

雷锋精神作为一种人生态度，为越来越多的人接受。一批新时代学雷锋典型涌现出来，既有领导干部楷模杨善洲，也有普通工人全国道德模范郭明义，还有爱心歌手丛飞。

2009 年 6 月，中央有关部门联合发出《关于组织开展“100 位为新中国成立作出突出贡献的英雄模范人物和 100 位新中国成立以来感动中国人物”评选活动的通知》。《通知》明确指出：要深入挖掘英模人物的崇高精神，把评选典型与学习典型结合起来，把评选过程与教育过程结合起来，通过评选活动推动社会主义核心价值体系建设。

2010 年 8 月 1 日，胡锦涛总书记对鞍钢工人郭明义学雷锋的先进事迹做出重要批示：“郭明义同志是助人为乐的道德模范，是新时期学习实践雷锋精神的优秀代表。要大力宣传和弘扬郭明义同志的先进事迹和崇高品德，为构建社会主义和谐社会提供强大精神力量。”

2011 年 10 月，中国共产党十七届六中全会在北京召开。全会通过了《中共中央关于深化文化体制改革、推动社会主义文化大发展大繁荣若干重大问题的决定》。《决定》提出：“深入开展学雷锋活动，

党中央办公地新华门照壁上的“为人民服务”几十年不变

采取措施推动学习活动常态化。”

2012 年 2 月，中共中央办公厅发出《关于深入开展学雷锋活动的意见》。《意见》对 50 年来开展的学雷锋活动进行了科学的总结，为新世纪深入开展学雷锋活动指明了方向。对雷锋和雷锋精神科学定位：雷锋树起了一座令人景仰的思想道德丰碑。对学雷锋活动的内容和目的科学定位：着眼于建设社会主义核心价值体系，着眼于推进社会公德、职业道德、家庭美德、个人品德建设，着眼于提升公民思想道德素质和社会文明程度。对学雷锋活动常态化的内容做了制度化的规定：要求充分发挥互联网、手机等新型媒体的优势，充分运用新的传播手段和新的文化样式，宣传雷锋事迹，弘扬雷锋精神，使学雷锋活动深入千家万户，产生广泛而持久的影响。

2012 年 3 月 2 日，中央精神文明建设指导委员会做出决定，授予郭明义同志“当代雷锋”荣誉称号。

2012 年 3 月 12 日，胡锦涛主席和习近平副主席等军委领导会见来自一线部队和专业技术岗位的部分军队人大代表。胡主席要求全军深入开展新形势下学雷锋活动，着力提高官兵的思想道德和科学文化素质。

2012 年 3 月，“两会”期间，时任国家副主席的习近平到浙江代表团驻地亲切看望与会代表时，指出：“大力开展‘学雷锋’活动，使雷锋精神真正深入人心，以此推进社会主义核心价值体系建设，着力提高人民群众思想道德素质。”

2012 年 11 月 8 日，中国共产党第十八次全国代表大会在北京召开，会上提出了：“推动学雷锋活动、学习宣传道德模范常态化。”

2013 年 3 月 5 日，十二届全国人大一次会议在北京隆重召开。6 日，习近平主席在参加辽宁代表团审议时指出：“要大力加强思想道德建设。雷锋、郭明义、罗阳身上所具有的信念的能量、大爱的胸怀、忘我的精神、进取的锐气，正是我们民族精神的最好写照。要充分发挥各方面英模人物的榜样作用，为实现‘中国梦’提供强大精神动力。”3 月 8 日，习近平主席在参加江苏代表团审议时又讲道，我们学雷锋的时候，学习雷锋的钻研精神，在抓作风上，也用了这句话，实际上，这是异曲同工的，抓落实也需要一种钻劲，真正兑现、实现，发扬钉子精神。

2013 年 5 月 4 日，习近平主席在同各界优秀青年代表座谈时指出：“要倡导社会文明新风，带头学雷锋，积极参加志愿服务，主动承担社会责任，热诚关爱他人，多做扶贫济困、扶弱助残的实事好事，以实际行动促进社会进步。”

2014 年 3 月 5 日，习近平主席在给“郭明义爱心团队”回信中表示："得知你们'跟着郭明义学雷锋'，用爱心温暖需要帮助的人，在服务社会、助人为乐、爱岗敬业中提升人生境界，感到很欣慰。在此，我向你们，向全国广大的志愿者和爱心人士，致以崇高的敬意！雷锋精神，人人可学；奉献爱心，处处可为。积小善为大善，善莫大焉。当有人需要帮助时，大家搭把手、出份力，社会将变得更加美好。我国工人阶级应该为全社会学雷锋、树新风做出榜样，让学习雷锋精神在祖国大地上蔚然成风。希望你们努力践行社会主义核心价值观，积极向上向善，从'赠人玫瑰、手有余香'中感受善的力量，以实际行动书写新时代的雷锋故事，为实现中国梦有一分热发一分光。"

2014年3月11日，习近平主席出席十二届全国人大二次会议解放军代表团全体会议，亲切接见部分基层代表。习主席对"雷锋连"指导员谢正谊语重心长地说："雷锋精神是永恒的，是社会主义核心价值观的生动体现。你们要做雷锋精神的种子，把雷锋精神广播在祖国大地上。"

2014年3月17日，习近平主席在参观焦裕禄纪念馆时，动情地说："焦裕禄同志是县委书记的榜样，也是全党的榜样，他虽然离开我们50年了，但他的事迹永远为人们传颂，他的精神同井冈山精神、延安精神、雷锋精神等革命传统和伟大精神一样，过去是、现在是、将来仍然是我们党的宝贵精神财富，我们要永远向他学习。"他还说："很多东西存在的时间虽然短暂，但这短暂铸就了永恒，焦裕禄精神是这样，井冈山精神、延安精神、雷锋精神等革命传统和伟大精神都是这样。"

50多年漫漫航程，雷锋一直陪伴着我们，这个22岁终结的生命，并没有卸下肩上的责任，反而承担了更重的使命，为自己的祖国和人民永放温暖的光辉。党和人民信任他，需要他，无论风雨都坚守着他。火热的20世纪60年代，学雷锋书写着共产党人全部的主张——“为人民服务”；混乱的20世纪70年代，人们还原雷锋的真善美；争鸣的20世纪80年代，雷锋经受住了摔打的考验；严峻的20世纪90年代，雷锋被社会强烈地呼唤；进入新世纪，雷锋成为我们道德的偶像、做人的标杆。

中国50多年的“雷锋现象”，谱写了一个士兵和他的祖国、人民的传奇！

热点互动

皮夹克能不能抹杀雷锋的艰苦朴素？

雷锋穿着皮夹克照的那张照片，一次又一次地引起过人们的质疑。

60年代就穿皮夹克，在现在想来那是何等的新潮和奢侈呀，怎么也不会和雷锋的艰苦朴素联系在一起。更何况雷锋还有英纳格手表、料子裤。

入伍前，雷锋的收入一直是不低的，他的购买能力，我们是不用质疑的。更何况他的皮夹克、料子裤还是在旧货门市部里买的，在价格上要更便宜一些。

我们再来看当时雷锋所处的环境。鞍钢是苏联援建的特大企业，在年轻的新中国，鞍钢当时绝对是数一数二的“外企”。苏联人不但把先进的技术带到了鞍钢，也把他们的文化带入了鞍钢。那时，鞍钢每个周末都有舞会。雷锋年轻，热心助人，又总是笑呵呵的，在鞍钢也是“人气”工人。一到周末就有工友拉着他去参加舞会，还不停地说雷锋穿得寒酸，要他注意形象。一来二去说得雷锋也不好意思了，就拉着同乡张建文到旧货门市部买了皮夹克和料子裤，也给张建文买了一套。

那个时期的东北人有穿皮夹克的习惯，既保暖挡风，又美观，比起棉大衣更耐穿。雷锋买了“三大件”，工友们觉得帅气。在大家看来，年轻人有能力购买，穿着时尚，是正常的事情，也没有人觉得不合适。反倒是雷锋总觉得不合适，穿的次数并不多，收到赵书记“永不忘本”的信后，干脆压到箱底了。

雷锋有皮夹克前，他勤俭节约；有了皮夹克后，他同样艰苦朴素。花自己的钱为自己添置一件御寒衣物，再正常不过了。至于后人对雷锋皮夹克的种种褒和贬，就仁者见仁、智者见智了。

08

第八张名片 世界雷锋

SHIJIELEIFENG

“地球村”时代的中国，

不仅向全球提供着“中国制造”的产品，

也把中国文明传向世界。

雷锋作为中国传统美德和共产主义道德相结合的典范，

被世界人民所接受。

“人类英雄”

1990年3月5日，北京正阳门箭楼挂上了一条横幅：“人类英雄——纪念雷锋摄影展”。正阳门箭楼始建于明正统四年（1439），位于天安门正南面，它的前面就是著名的前门大街。正阳门箭楼从它建成那天起，一直是老北京的象征。1949年2月3日，中国人民解放军曾在此举行盛大的入城式。北京市一些群众团体在此举办雷锋展览，表达了对这位伟大士兵的敬意。

“人类英雄”这个词其实来自雷锋，是他在高小毕业典礼上说的。当时，他放弃了升学，决定回乡务农。在他做出这人生的第一次选择时，他说出了 “做人类英雄”。人类是谁？人类需要什么样的英雄？高小毕业时候的雷锋恐怕是说不清楚的，但苦难生活给他的磨砺却使他有着朴素的感知：善良、平等、勇敢、勤劳、互助、报恩、友爱……

雷锋走上工作岗位后，在党的培养下，境界得到了升华，他把中华民族的传统美德同党和军队的根本宗旨、奋斗目标结合起来，用“活着就是使别人过得更美好”的全部实践，履行着做“党的好儿子、人民的勤务员”的誓言。他是一滴水，滋润了一寸土地；他是一线阳光，照亮了一分黑暗；他是一粒粮食，哺育了生命；他是一颗螺丝钉，坚守在工作岗位上……

在选择了平凡之后，雷锋真的成为“人类英雄”！不但是祖国人民记住了他的儿子，全世界各处的人们也逐渐知道他、学习他。人们从雷锋身上感受到了春天般的温暖，有把他看作道德的化身的，有把他当作好人典范的，还有把他比作耶稣、菩萨的。不同政见、不同信仰、不同种族的人对雷锋身上所体现出的人类美德达成了共识。

在辽宁抚顺和湖南望城的雷锋纪念馆里，许多外国观众参观之后留下了自己的感言。

吴玉婷是一位美国教师。她在望城县雷锋纪念馆看了雷锋事迹展览后，激动地用中文在留言簿上写道："雷锋属于世界"。另一位同时在这里参观的美国朋友詹姆斯接着用英文题词："雷锋是一滴特殊的油，能覆盖整个海洋，使世界变得更加美丽、更加平静。"

我们无法知道一个个留言者的故事，但从这些外国友人的留言中，可以了解到他们对雷锋的理解。

在西方人的眼里，雷锋就是神。现在世界上许多国家的人，并不知道一些国家的领导人是谁，但人们都知道雷锋，从小就开始知道。雷锋好，应该"向雷锋同志学习"。

——俄罗斯　甘纳季

如果我们都能像雷锋那样处理人与人之间的关系，那该多好啊！

——法国　施兰

雷锋精神总是像金子一样发光。

——菲律宾　庄大川

雷锋精神能影响整个地球，使世界更加和平、美好。

——美国　山姆

要让更多的日本青年到中国学习雷锋，学习他的高尚的道德品质。

——日本　池上芳彦

中国人情味很浓，公民富有人情，中国的雷锋太多、太好了。

——加拿大 约翰·查尔顿

为什么千千万万的人都悼念雷锋？因为这位年轻的战士是为人民工作的时候献出了生命。我也向他——一位出身贫寒的勇敢士兵致意。

——阿尔及利亚 贝卡

雷锋的事迹是很具启发性和鼓舞人心的。

——英国 克奈

应该向雷锋学习。学习怎样做人是全人类的永恒课题。

——澳大利亚 理查德·麦格雷

在德国，大家都很喜欢雷锋这样的人。要是全人类都像雷锋倡导的那样彼此爱护，那该多好啊！

——德国 何曼珠

1990年2月27日，美国《纽约时报》的国际版上，发表了该报驻京记者尼柯拉斯·克里斯多夫从湖南望城纪念馆发回的一篇文章，介绍中国开展学雷锋活动的情况。文中写道："雷锋是一个非凡的好人，他获得了一个无神论者的最大荣誉——道德高尚。"

电影《离开雷锋的日子》在中国上映后，美国《时代周刊》记者发回一篇文章，他说：1962年8月，乔安山开着和雷锋共同驾驶的卡车时，不慎将一根晒衣服的柱子碰倒，雷锋不幸殉职，乔安山心灵受到强烈打击。退伍以后，他带着极大的痛苦，忏悔自己，思念雷锋，学习雷锋。大约在两年以前，他的秘密被一名记者发现，接着便被电视台编剧搬上荧幕。影片引起了观众的极大反响，仅在北京的票房收入就突破60万美元。中国推出这部影片，表明了对现实社会的担心和忧虑，但对社会风气不正感到忧虑的不仅仅是中国，美国也同样存在这种问题，其他国家也不可避免。美国总统克林顿也许应当要求美国人观看《离开雷锋的日子》，在一个物质享乐主义快速取代理想主义的世界里，学习雷锋助人为乐的高尚风格、崇高精神是全世界各国的共同事情。

西点军校

讲到雷锋在世界的影响，20 世纪 90 年代初，中国的媒体上经常引用西点军校挂着雷锋画像的例子。有人到美国西点军校去核实这件事，但西点军校的人也说不清楚。于是就有人在网上说这不是真的，甚至还嘲讽：这是中国人用西点军校为雷锋脸上贴金。那么，“雷锋”究竟去没去过西点军校呢？

2012 年 2 月 10 日，曾任中国驻美国大使馆一等秘书的田志芳道出了有关西点军校雷锋挂像的实情。

访问时，我曾获得一些西点军校发放给参观者的资料，但在参观时没时间翻阅。回到大使馆后，我利用晚上空闲时间翻看资料，突然惊讶地发现一张西点军校招生广告上，竟然有雷锋的画像，下面有“学雷锋，树新风”六个汉字，画像旁边有一面中国国旗。因当时另一位同去参观的同志将资料给了我，因此我有两份。出于好奇，我一直保存着这两张招生广告。

2002 年 11 月，《杭州日报》刊登了一篇介绍抚顺雷锋纪念馆改扩建情况的文章。文中提到抚顺雷锋纪念馆为寻找“西点军校学雷锋”的证据，曾专门派人前往西点军校，但是没有收获。我想那两张西点军校招生广告或许对抚顺雷锋纪念馆有用？于是，我就给《杭州日报》的编辑部打电话，并通过他们，将其中一张转赠给抚顺雷锋纪念馆。过了许久我才知道，抚顺方面对此很重视，将招生广告陈列在该馆。《抚顺日报》还称我为“第一个发现美国西点军校挂有雷锋像的人”。

——田志芳

2004年7月28日，美国西点军校的马科斯教官率6名学员到抚顺雷锋纪念馆回访。在参观纪念馆时，他们看到二楼展出的西点军校招生广告，都深感兴趣。马科斯教官一眼就认出了照片中的人：左一是他同级同学，右一为他哥哥的同学。为了表示对雷锋的敬意，马科斯他们特意回车上换了西点军校的校服，在这块展板前合影留念。现在，这张合影也挂在抚顺雷锋纪念馆的展板上。

西点军校汉语教室

马科斯等参观抚顺雷锋纪念馆

当年那张照片上，在雷锋旁边那个大眼睛的小姑娘孙桂琴，现在已经是沈阳军区总医院的医生了。1994 年 3 月的一天，午夜 12 点的时候，孙桂琴突然接到国际广播电台的一个电话，对方说："现在我们国际广播电台为您接通来自美国西点军校的国际长途电话，请您注意听好。"

孙桂琴当时很紧张，她把听筒紧紧地贴在耳朵上。一会儿，听筒里传来了一个外国人的声音："我是美国西点军校的学生，我和我的同学在电视中看到您学雷锋的事迹。请问，中国到底有没有雷锋？您见过雷锋吗？能和我们讲讲有关的事情吗？"

是关于雷锋的，孙桂琴心里放松了，她回答："好的，首先我告诉你，雷锋是真的，我见过雷锋，我上小学时，他是我的校外辅导员……"

"那么说，你是雷锋事迹和精神的见证人，又是雷锋的受益者了。我还要请教一个问题，雷锋不过是一名普通士兵，二十几岁就殉职了，可为什么在中国 30 多年学习他的活动经久不衰呢？"

孙桂琴想了想，说："你说的这个问题可能是个较大的社会课题，我不一定能全部说清楚，不过我可以简单地谈谈自己的看法，我们共同探讨。我觉得，我们中国出了个雷锋是当今世界上少有的，也是中国历史上罕见的。他在平凡的岗位上，做出了不平凡的事迹，体现了伟大的人格。他的助人为乐的高尚品格和全心全意为人民服务的精神，体现了中华民族传统美德和人类精神财富的精华，因此人民爱戴他，以他为榜样。在我们的国家里，雷锋的名字家喻户晓，人人皆知。他青春常在，精神永恒，始终是我们做人的楷模。"

值得注意的是，许多外国朋友在赞叹雷锋的时候，总喜欢把雷锋和耶稣相比，人们对美的追求是一致的，但东西方文化确实存在着差异。

雷锋和耶稣有相同的地方，但更有许多不同。首先，耶稣是西方人崇拜的偶像，而雷锋则是我们中国现实中的一个活生生的人。另外，耶稣讲人类的天堂在天上，而雷锋讲天堂在人间。耶稣讲永生，相信人死后灵魂与肉身分离，复活时天主赋予转化的肉身再度与灵魂结合，而我们讲雷锋永生，是讲一代又一代的人继承和发扬雷锋精神，世世代代把这种美好的道德延续下去，这是多大的差别呀。

“洋雷锋”

华东方是辽宁雷锋研究会副会长、中国社会福利基金会学雷锋基金管委会副主任，对雷锋走向世界有过专门研究。他曾发表过这样一个观点：雷锋和雷锋精神是在 20 世纪 60 年代初期传向世界的，几十年来中国发生了很大的变化，世界上许多国家也发生了很多的变化，对雷锋的接受和认识也发生了变化。20 世纪 60 年代和 70 年代，雷锋在世界上的影响主要体现于正在发展中的第三世界国家，亚洲、非洲、拉丁美洲的一些正在争取民族解放的国家。20 世纪 80 年代和 90 年代，雷锋的影响辐射到了一些发达国家，那里的人民开始认识并接受雷锋，主要是美国、英国、法国、日本、巴西、加拿大、俄罗斯等一些国家。第三世界学雷锋主要是学立场、学斗志、学精神；第一、第二世界学雷锋，主要侧重于学道德、学品质、学人格。学习雷锋活动不仅超越了国界，而且超越了社会制度和信仰。从包括中国在内的世界其他国家对雷锋和雷锋精神接受的程度看，贫穷的时候需要雷锋精神，富裕的时候更需要雷锋精神，这几乎成了一个共同的现象。

全球化不是“西方化”，更不是“美国化”。优秀的文化是全人类的财富，雷锋身上闪耀的东方文明的光芒被其他国度的人们认可并不奇怪。

江思远，一位澳大利亚人。2012 年 5 月却登上了中国湖南的雷锋精神论坛，向中国人介绍他这个“洋雷锋”学雷锋的体会。江思远在自己的祖国是一名建筑商，他的妻子是医院的一名护士，12 年前他们有了第一个孩子，却不幸得病夭折。过度的悲痛使他们精神恍惚，于是决定换个环境生活，就向国际慈善组织申请来到了中国湖南长沙市第一社会福利院当义工。在这里他知道了雷锋，也看到了许多和雷锋一样热心助人的志愿者，他带着爱心担负了孤残儿童护理合作项目，

作者与雷夫·罗杰斯

作者与江思远

受到了中国同事的赞扬，大家称他是“洋雷锋”。他对这个称呼很满意，在福利院一干就是12年，还学会了中国话，长沙成了他的第二故乡。他在会上说：“雷锋精神在现代社会里显得尤为珍贵。”

雷夫·罗杰斯，美国人。六年前，雷夫来到中国锦州的银行工作，因为他名字的发音和雷锋相似，当地人就习惯叫他“雷锋”。雷锋是谁？最初雷夫总是带着疑问和好奇，向中国同事打听雷锋是个什么样的人。在抚顺雷锋纪念馆里，他知道了雷锋是一个把帮助别人当作快乐的人，自己生活俭朴，却乐意资助困难的人，对工作勤奋钻研，是一颗十分敬业的“螺丝钉”。从此，他就迷上了雷锋。和雷锋一样，他把帮助别人当作自己的责任，他坚持到孤儿院为孤儿送爱心，帮助有困难的人。他喜欢收集与雷锋有关的资料。他把《雷锋日记》翻译成了英文，推荐给他的同胞。他还说：“我最大的心愿就是让世界各国的人了解雷锋，学习雷锋精神。”

2012年8月15日下午，辽宁抚顺隆重举行“百姓雷锋”授奖仪式，雷夫作为嘉宾登台向中国的“百姓雷锋”颁奖，他说：“雷锋是人类英雄！”

家住邓州市东城区的洪荣惠老人出生于1929年，是新中国成立前的高中毕业生。新中国成立后，他就职于当时的邓县服务公司，在照相馆从事摄影工作，多次被评为先进工作者。1985年洪荣惠退休，开了一家照相馆。

一天，洪荣惠路过邓州市聋哑学校门口，看到一群聋哑孩子正在玩耍。两个聋哑孩子发现洪荣惠在看他们，走过来用手势和洪荣惠打招呼。看到孩子们急于向他表达心声而不能说话的样子，他决心“帮

麦当娜·W·金博士（右二）和邓州“编外雷锋团”洪荣惠（右一）等人合影

助这些可怜的孩子”，于是，他辗转联系上了远在美国的“儿童之家”。

设在美国明尼苏达州圣保罗市康摩大街2230号的“儿童之家”成立于1889年，经管14个国家17个国际项目，是一个国际性残疾儿童救助机构，他们利用企业家捐助和募集来的资金，到本国和经济落后的国家领养残疾儿童，由没有子女的美国人抚养，并不救助、也不在国外设立救助机构。出乎意料的是，麦当娜·W·金博士了解了邓州市孤残儿童的情况后，同意把邓州市聋哑学校列入救助项目。

1998年10月，美国明尼苏达州“儿童之家”救助邓州市残疾儿童项目正式启动。从2000年到2005年，麦当娜·W·金博士万里迢迢三次来邓州看望救治儿童。她还特意参观了邓州“编外雷锋团”展览馆。看着雷锋留下的助人为乐的照片，听着展览馆馆长闫瑞的介绍，麦当娜·W·金博士激动了：“雷锋太好了，中国需要雷锋，美国也需要雷锋，洪，你就是雷锋。”

2005年，随麦当娜·W·金博士一起到邓州的还有几位美国企业家，其中有一位搞医疗器械的，叫克劳迪亚。这次邓州之行对克劳迪亚震动很大，回国后，他带了一批医疗器械再返邓州，为65名聋哑儿童检查身体。多日劳累，克劳迪亚感冒了，大家劝他休息几天，他却说：“我不累，中国的雷锋太好了，我也要学雷锋。”

至今，美国“儿童之家”先后对邓州20名孤儿和65名聋哑儿童进行了无偿救助，共救助善款（物）125970美元。

你栽下一株幼苗，但你却收获了整个春天……

世界上有多少个国家在学雷锋，我们无法统计；世界上有多少个“雷锋”，我们更无法统计。但是，随着中国和世界各国交往日益密切，雷锋的形象也越来越多地被世界各国人民了解。

雷锋精神被世界所认可，是因为雷锋身上体现了人类共同的精神财富。这财富是“大爱”。人为什么活着？雷锋的回答是“为了爱”。你渴了，他就是一碗水；你饿了，他就是一把粮；你心里要是感到了寒冷，他就是一团火，就是一缕阳光。雷锋“出差一千里，好事做了一火车”，他把爱的种子播撒到社会的各个角落，播撒到每个人的心中，他这种无私的大爱诠释了生命的意义。

这财富是“奉献”。赠人玫瑰，手有余香。我奉献，我快乐。雷锋对国家，对人民，对认识和不认识的人，对需要帮助的弱者，满怀爱心，给予帮助，并从中获得人生价值的实现和幸福愉悦的满足。不管在哪个国家、哪种文化背景下，一个人如果能让个体价值与社会价值融为一体，都会有最宝贵的归属感，也才能释放最强大的力量。

这财富是“行动”。有爱就必须拿出行动来。可能只是帮助一个带孩子的乘客找到座位，可能只是给战友的父亲寄去20元钱，雷锋的爱就蕴含在这些平凡、普通的小事中。他会在人们需要的时候挺身而出，而不是权衡再三，退避三舍；他会把奉献视为自己的权利和义务，而不是事不关己，高高挂起。像雷锋那样，做传统美德的传承者，做社会道德规范的实践者，做良好社会风尚的创造者，这是每个人应

赴利比亚维和的“雷锋班”

有的理想和追求。

这财富是“敬业”。在这个世界上，不管从事什么工作，敬业精神都是从业者所必须秉持的道德圭臬。雷锋画像之所以会挂在西点军校的墙壁上，不仅是因为他的忠诚和坚韧，更源于他干一行爱一行、专一行精一行的敬业精神。不管是当通信员、当拖拉机手，还是当工人、当战士，雷锋都全心全意练好本领，在岗位上发挥出最大的光和热。

我们相信，雷锋一定会走向全世界。

历史必将证明，也一定会证明！

09

尾声 延续的雷锋名片

YANXUDELEIFENGMINGPIAN

雷锋留给我们的远远不止这八张名片，

随着时代的发展，

党和人民对雷锋精神的传承与发扬，

“雷锋名片”会越来越多、越来越厚。

自2011年以来，道德滑坡、诚信缺失、食品安全，成为国人焦虑的话题。彭宇案、郭美美、小悦悦……我们这个社会怎么了？

我们假设，如果“雷锋叔叔不在了”，这个社会会是什么样子？面对跌倒的老人要不要扶？面对被碾轧的女童要不要救？一个个触目惊心的事例，一次次拷问着我们心底的良知。

经济的发展同道德的滑坡，有时似乎朝着相反的方向拉大距离。自2007年起，中国GDP不断增长，中国经济书写了连续30年平均增速超过9%的奇迹，中国成为世界第二大经济体。但在创造奇迹的同时，“苏丹红”“毒牛奶”“地沟油”“蒜你狠”“豆你玩”等等波及社会民生的问题也一个个出现了。在“利”的面前，怎样去守住“义”、保住“信”？新问题又一次摆在了中国政府和老百姓的面前。

改革开放的总设计师邓小平早在1993年就指出：“发展起来以后的问题不比不发展时少。”今天的中国已经不是50年前的“一穷二白”了，“仓廪实”，“衣食足”，但“不知”甚至丢失“礼节”与“荣辱”的现象，有些时候反而突出了，问题出在什么地方呢？

亚太地区未来教育讨论会曾发出这样的警告：将来毁灭人类的不是战争和瘟疫，而是人类道德的崩溃。

如果说，50年前，雷锋精神诞生有着三年严重困难时期的社会背景，那50年后，我们在“富起来”后召唤雷锋，同贫穷时一样，同样是为了占领精神高地。道为人之本，德之所在，天下归之。道德建设具有超前性、相对独立性和对物质生产的反作用力。老百姓常讲的“人穷志不穷”“出淤泥而不染”，比喻的就是道德的能动性。所以，时代在变化，道德的价值和力量没有变；国家在发展，德治利器不能丢；人类在前进，人心向善的共同属性不会蜕变。“我们不能失去雷锋”，不仅仅是在3月里，而是一年三百六十天；“我们不能失去雷锋”，不仅仅是在口头上，而是在立说、立行的脚下。

自2012年5月以来，一个又一个平凡人见义勇为的英雄壮举传遍四方，“最美”的赞誉此起彼伏地响起：勇敢机智救出六名落水群众的保卫科长谢国江；为救落水儿童而献出自己生命的“最美军官”沈星；接住坠楼儿童的“最美妈妈”吴菊萍；三闯火海排险救人的“最美警卫战士”高铁成；救起落水学生后微笑转身离开的“憨厚哥”；公交车上浴血斗歹徒的“最美退伍军人”蒋瑞峰；为救学生被车撞倒的“最美女教师”张丽莉；生命最后一刻保住26位乘客安全的“最美司机”吴斌；身怀六甲跳水救人的“最美孕妇”彭伟平……

不同的城市，同样的姿势；不同的时间，同样的感动，再次让我们相信“最美”就在我们身边。“最美”成了那个夏天最热的话题。

2012年夏日里“雷锋们”扎堆儿出现的现象，不是偶然的巧合，是善良的中国人民发自内心的美好举动，是传统美德的积淀和雷锋精神催生的鲜花。广袤的原野从来都不缺乏盛开的山花，但是却缺乏发现的眼睛。当那些“最丑”激怒我们心灵的时候，更激发出我们对“最美”的期盼和坚守。

21世纪以来，从抗洪救灾到抗击雨雪冰冻灾害，从“5·12”汶川特大地震到奥运会、世博会，那些抑制不住的“感动”，汇成一股股清泉，荡涤着每个人心头的污泥浊水，那些感动民众的志愿者成为社会中最流行的道德元素。

在雷锋的家乡湖南长沙，一个个“雷锋号”志愿者服务站，成为温暖的家园。在雷锋的第二故乡抚顺，每年一度的“百姓雷锋”评选，使践行雷锋精神根植于民众。雷锋生前所在团结合本职工作发扬雷锋精神，开办了雷锋网络，成为全国学雷锋教育基地。“聚是一团火，散是满天星”，从雷锋团转业退伍的2万多名官兵，有80%成为当地的精神文明标兵。河南邓州560位雷锋战友组成的“编外雷锋团”，已经发展成遍及全市城乡的14个营14000多名志愿者积极参加的雷锋队伍。当代雷锋郭明义带动更多的人加入到爱心奉献团队中去，全国各地已有17个省、市、自治区成立了“郭明义爱心团队”，截至2015年3月，注册志愿者达到150多万人。中央电视台一年一度“感动中国”人物，使亿万人为之落泪。中宣部、中央文明办自2008年5月开展“我推荐、我评选身边好人”活动，截至2015年3月，共发掘、推荐好人好事24万余件，中国文明网发布“中国好人榜”73期，7562人光荣上榜。全国道德模范与身边好人现场交流活动不断走进各地，至今已举办132场，逾30亿人次参加推荐、评议和票选“身边好人”。2014年9月5日起，中国文明网开通了《好人365》专栏，联合人民网、新华网、光明网和中国网络电视台“五网联盟”同步共推，每天讲述一位“中国好人”的平凡故事，引发网民广泛关注，截至2015年3月3日，话题阅读量仅新浪微博已达2.7亿人次，网民微博发布、转发留言超过272万条。中国好人网设立“搀扶老人奖”，彭宇获得首届“搀扶老人奖”委屈奖。“中国好人”拉近了雷锋与百姓的距离，彰显了平凡的伟大，展示了普通的高尚。

2015年3月，中国第一本公开发行的《雷锋》杂志问世。

2015 年 3 月，中国第一个“雷锋文化节”在辽宁省沈阳市拉开帷幕。

我们应该对中国道德建设的前途抱有信心。我们应该有这样的自信：雷锋，我们不会失去你，因为你就在百姓中！

但是，我们也应该矫正自己寻找光明的视角。正如太阳也有黑子，但任何人都不会因此否定太阳的光辉。我们不应该将发现美的眼睛都用来只盯着丑陋，不应该将能够发出悦耳歌声的声带只用来制造杂音。真善美需要我们去弘扬、去践行，更需要我们去发现、去宣扬。要善于发现社会的美好，以正面导向去激励社会大众高扬起理想的风帆。

“雷锋们”扎堆儿出现的现象还告诉我们，人民群众学习和践行雷锋精神有着巨大的力量，也是传播雷锋精神的“舆论场”，特别是网络、手机等新型传播工具的出现，使普通的民众也有了传播“生活中的最美”和鞭挞“生活中的最丑”的发言权。看到这种力量，我们就会坚信，尽管发展的道路上还会经历坎坷与崎岖，但“最丑”和“最美”并存，是生活中的常态，“最丑”映衬着“最美”，令人更追求向往最美，“最美”照射着“最丑”，使其觉醒新生。正因为如此，我们不能失去雷锋，舆论的舞台上也同样不能失去雷锋，不论什么时候，我们都不能不发现身边的雷锋，不能不传播生活中的感动，不能不坚信最终的结果——正直善良永远属于中国人！雷锋不会走，雷锋的队伍越来越壮大！

我理解的雷锋文化，就是以雷锋的名字命名，以雷锋的事迹言论

为基础，以雷锋精神为核心，包括物质文化、制度文化和精神文化在内的文化复合体。雷锋文化是中华民族优秀文化与中国共产党人价值文化相结合的时代文化，是吸取了全人类向美向善优秀文化的全球文化。她是中华文明长期滋养的结果，她是建设中国特色社会主义伟大实践中积蓄的时代精神的积淀与彰显，是实现中华民族伟大复兴中国梦的文化力量。雷锋文化在今天乃至今后的价值取向，我以为是回归本源——走雷锋成长的道路，像雷锋那样做人，像雷锋那样做事，大力激发社会正能量，为实现“中国梦”提供强大精神动力。

——2015 年 3 月作者接受《解放军报》记者专访

亲爱的朋友们，我的报告就要结束了，但是雷锋还在与我们同行，而且会永远和我们在一起。2040 年，雷锋就 100 岁了。我想，那个时候的雷锋，仍然是我们记忆中年轻、微笑的面容，我们还要同雷锋进行青春的约会。

朋友们，学习雷锋吧，我们的生活会更美好！

2012 年 11 月 一稿

于北京装甲兵工程学院

2015 年 3 月 二稿

于北京解放军报社

资料来源★

ZILIAOLAIYUAN

《让雷锋精神光照人间，永放光芒》

作者李钦荣，原鞍钢弓长岭焦化厂党总支书记。

《“我决心应召”的雷锋》

作者金守成，原鞍钢弓长岭焦化厂保卫干事、征兵办工作人员。当时他负责雷锋等应征青年的政审工作。

《坚决要求当兵》

作者余新元，原辽阳市兵役局政委。雷锋应征入伍时的重要见证人。

《忆雷锋参军》

作者戴明章，雷锋入伍时的接兵干部，原雷锋所在团司令部军务参谋。他主持编著了《回忆雷锋》一书，出版保存了雷锋的同乡、老师、同学、同事、工友、战友对雷锋的珍贵回忆。

《庚伢子的苦难童年》

作者彭德茂，地下党员，湖南解放初期，任农会主席，1951 年秋，任望城县安庆乡乡长。他代表农会、乡政府一直照顾雷锋的生活，送他上学，安排回乡工作，推荐到望城县委工作等，是雷锋成长道路上的第一位启蒙老师。

《忆苦思甜》

作者雷锋。据雷锋 1960 年 11 月 5 日录音整理。

《仇恨的刀痕　腰上的疮疤》

作者雷孟宣，雷锋的本家、邻居，原为湖南望城雷锋纪念馆馆长。

《实现夙愿进学堂　雷正兴是好少年》

作者李扬益，原望城县龙迴塘小学教师。是雷锋在龙迴塘小学读书时的老师，也是雷锋的第一任班主任。

《穷孩子，好学生》

作者谭礼，原望城县向家冲小学教师。是雷锋在向家冲小学读书时的班主任。

《忆雷正兴考上高小以后》

作者张仲明，1949年3月参加工作，原望城县清水塘完小教师，荷叶坝完小教师、校长。是雷锋在清水塘完小读书时的老师，荷叶坝完小读书时的数学老师、校长。雷锋到望城县县委当公务员时，他在望城县文教部工作。被当地老百姓誉为“雷锋的老师”。

《科技活动迷》

作者潘春华，原荷叶坝完小学生会主席。雷锋同学。

《他从小就热爱党》

作者吴强国，原荷叶坝完小少先队大队长。雷锋同学。

《积极向上的好学生——雷正兴》

作者易华钦，原望城县荷叶坝完小教师。是雷锋在荷叶坝完小读书时的中队辅导员。

《平凡凝聚的伟大　矢志铸成的必然》

作者黄菊芳，原望城县县委组织部干事。是她把雷锋推荐给县委书记张兴玉当公务员。

《先进的公务员》

作者冯乐群，原望城县县委办公室机要秘书，机关团支部书记。雷锋加入共青团，履行入团手续，就是由他经办的。

《雷正兴来到县机关》

作者皮问安，原望城县县委办公室主任。雷锋在望城县县委工作的主要见证人之一。

《初次结识雷正兴　他无限热爱毛主席》

作者冯健，1953年1月参加工作，原望城县西塘高级农业社团总支书记。她高小毕业后，主动要求回乡务农，成为全县著名的“养猪姑娘”。1957年，参加共青团第三次全国代表大会时，受到毛主席接见。是雷锋敬慕的先进人物，也是见证雷锋成长的“姐姐”。

《治沩工程指挥部的雷正兴》

作者赵阳城，原望城县县委副书记、治沩工程总指挥。在治沩工地时，雷锋是他的通信员。

《改名的思考 难忘的友情》

作者张建文，原望城县县委交通班通信员，后调县电影队当放映员。雷锋的同事、工友。

《我改名叫雷锋啦》

作者杨必华，1958 年 11 月和雷锋一起去鞍钢工作，原鞍钢化工总厂洗煤车间化验员。雷锋的同乡、工友。

《不经风雨长不成大树，不经百炼难以成钢》

作者张月棋，1958 年 11 月和雷锋一起去鞍钢工作，原鞍钢化工总厂炼焦车间测温工。雷锋的同乡、工友。

《船，能够乘风破浪才能前进；人，能够克服困难才能生存》

作者易秀珍，1958 年 11 月和雷锋一起去鞍钢工作，原鞍钢化工总厂洗煤车间统计员。雷锋的同乡、工友，“花棉被”的主人。

《我的好徒弟——雷锋》

作者李长义，原鞍钢化工总厂洗煤车间推土机手。雷锋的师傅。

《我不是为了钱》

作者白明利，原鞍钢化工总厂工段主任。

《雷锋是我的师傅》

作者周玉凤，原鞍钢弓长岭焦化厂工人。

《雷锋，请听我说》

作者王佩玲，1958 年在团山湖农场劳动锻炼时结识雷锋，在工作、生活中和雷锋结下了难忘的友谊。

《雷锋传》

作者胡世宗、陈广生。陈广生在雷锋生前所在部队工作八年（1956—1963），雷锋入伍时，他任团俱乐部主任，他是最早整理雷锋事迹的人员之一。雷锋牺牲后，他写作了5万字的报告文学《雷锋故事》，在《抚顺日报》上连载。他撰写的《雷锋故事》发行数百万册，成为宣传雷锋最为全面、生动的基本读物。

《雷锋是我们的骄傲》

作者薛三元，1958年入伍，原雷锋所在连班长、排长。雷锋在驾驶排十班学习开车时的班长，雷锋驾驶排结业后分到二排四班当战士，他又是四班班长，雷锋升任四班班长后，他升任为二排排长，是雷锋的“老班长”。

《我记忆中的雷锋》

作者刘家乐，1940年11月参加革命，原雷锋所在团政治处主任、团副政委。1960年雷锋被评为团“节约标兵”后，他分工负责对雷锋的进一步培养教育及宣传报道工作。

《我给雷锋办储蓄》

作者王玉珍，原抚顺望花区七百商店储蓄所（现雷锋储蓄所）储蓄员。她和孙桂兰、王桂清、李桂兰三位储蓄员都曾给雷锋办过存、支储蓄手续。

《回忆我们对雷锋的认识过程》

作者王寄语，1937年5月参加八路军，原沈阳军区工程兵政治部副主任。他多次找雷锋谈话，组织人摘抄雷锋日记并送《前进》报发表，是发现和宣传雷锋的组织者之一。

《对雷锋在部队成长过程的回忆》

作者王良太，1917年9月生，1933年参加中国工农红军。在任沈阳军区工程兵主任、党委书记期间，对发现、培养和宣传雷锋先进典型起了重要作用。

《雷锋是我们团的突出典型》

作者吴海山，1940年6月参加新四军，原工兵十团团长。是雷锋入伍后的第一任团长。

《做一个高尚的人》

作者孙桂琴，曾在抚顺市建设街小学读书，是雷锋辅导过的学生之一。

《雷锋辅导员，永在我心中》

作者王文阁，曾在抚顺市建设街小学读书，是雷锋辅导过的学生之一。

《雷锋牺牲的时候》

作者高士祥，1947年1月参军，原雷锋所在运输连指导员。他培养雷锋入党，并亲手承办了雷锋的入党手续。

《追忆雷锋二三事》

作者张时扬， 时任雷锋生前所在团技术营营部书记。

《看〈雷锋〉，忆雷锋》

作者虞仁昌，原雷锋所在运输连副连长、连长。是雷锋事迹的主要见证人之一。雷锋在日记中多次提到他。

《怀念战友雷锋 发扬雷锋精神》

作者庞士元，1949年8月参军，原雷锋所在团政治处宣教干事。曾在雷锋所在的运输连蹲点，并代职副指导员。

《我所认识的雷锋》

作者夏孝栋，1956年3月参军，原雷锋所在团工兵三营营部书记。曾陪同雷锋到所属各连做“忆苦思甜”报告，多次乘坐雷锋开的J7-24-13号车和雷锋一起外出执行任务。

《〈雷锋日记〉出版前后》

作者董祖修，1960年至1973年期间，直接负责《雷锋日记》的选辑工作。

参考书目★
CANKAOSHUMU

《毛泽东传》

中央文献出版社 2003年12月第1版 2009年3月第24次印刷

《毛泽东选集》（一至四卷）

人民出版社 1991年6月第2版 第2次印刷

《邓小平文选》第三卷

人民出版社 1993年10月第1版

《邓小平关于建设有中国特色社会主义的论述专题摘编》

中共中央文献研究室 编 中央文献出版社 1992年12月第1版

《十八大报告辅导读本》

《十八大报告辅导读本》编写组 编著 人民出版社 2012年11月第1版

《中国共产党党史》第二卷（1949—1978）

中共中央党史研究室 著 中共党史出版社 2011年1月第1版

《中国人民解放军军史》第五卷

《中国人民解放军军史》编写组 编 军事科学出版社 2010年8月第1版

《中国工农红军长征全史》

军事科学院军事历史研究所 编著 军事科学出版社 2006年5月第1版

《张万年传》

《张万年传》写作组 编 解放军出版社 2011年7月第1版

《中国共青团团史简编》

李玉琦 主编 中国青年出版社 1997年9月第1版

《毛泽东伦理思想研究》

杜振吉　著　贵州人民出版社　1992 年 12 月第 1 版

《回忆雷锋》

戴明章　编著　春风文艺出版社　1994 年 12 月第 1 版

《中国雷锋现象》

陶克　王跃生　著　中国青年出版社　1993 年 3 月第 2 次印刷

《雷锋现象》

陶克　王跃生　著　解放军文艺出版社　2003 年 1 月第 1 版

《再论雷锋——弘扬雷锋精神推动学雷锋活动常态化论文集》

郭俊波　主编　国防大学出版社　2012 年 6 月第 1 版第 1 次印刷

《雷锋从这里走来》

刘国强　翟元斌　编著　吉林教育出版社　2012 年 8 月第 1 版

《雷锋全集》（珍藏版）

雷锋　著　华文出版社　2012 年 3 月第 1 版

《雷锋精神与当代大学生》

中国人民大学　北京地区军队院校协作中心　《解放军报》编辑部　编　长征出版社　1990 年 9 月第 1 版

《雷锋精神探索与实践》

宋焕斌　主编　辽宁人民出版社　2012 年 2 月第 1 版

《榜样雷锋》

董兴喜　编著　解放军出版社　2012 年 3 月第 1 版

《回顾学雷锋活动的起源和发展》

抚顺市政协文史资料委员会、抚顺市总工会工运史编委会　编　白山出版社　1991 年 2 月第 1 版

《雷锋精神概论》

宋焕斌 主编 杨绍辉 雷冬海 张仲国 副主编 中国石化出版社 2012年7月第1版

《欧洲文艺复兴史·政治卷》

朱孝远 著 人民出版社 2010年11月第1版

《雷锋精神与先进文化研究》

宋焕斌 主编 辽宁省雷锋研究会 内部材料

《雷锋精神永放光芒——雷锋精神论坛文章汇编》

本书编辑委员会 编 红旗出版社 2012年7月第1版

《难忘的岁月》

丁声恒 王永柱 著 中国文史出版社 2011年5月第2版

《忆雷锋》

王德昌 关大全 主编 春风文艺出版社 1992年9月第1版

《离开雷锋的日子》

王兴东 陈宝光 著 解放军文艺出版社 1997年8月第1版

《道德力》

高占祥 王青青 著 北京大学出版社 2010年7月第1版

《雷锋传》

胡世宗 陈广生 著 北方联合出版传媒（集团）股份有限公司 春风文艺出版社 2011年12月第1版

《雷锋在营口的故事》

韩晓东 编著 辽宁民族出版社 2009年11月第1版

《接过雷锋的枪》

沈阳军区司令部直属政治部 编 辽宁人民出版社 1990年2月第1版

《中外学雷锋寄语》

华东方 编著 辽宁教育出版社 1995年2月第1版

《雷锋评传》

李庚辰 主编 江苏人民出版社 1991年11月第1版

《人生的理论与实践》

国家教委思想政治工作司组织编写 中国人民大学出版社 1989年12月第1版

《论雷锋——1963—1990学雷锋回顾与展望理论座谈会论文集》

国防大学出版社 1990年5月第1版

《道德经》

老子 著 韩宏伟 何宏 注译 安徽人民出版社 2006年8月第3版

《雷锋画传》

中共辽宁省委宣传部 中共抚顺市委 抚顺雷锋纪念馆 编 人民出版社 2012年2月第1版

《学习雷锋好榜样》

刘忠和 周珂 主编 人民日报出版社 2012年3月第1版

《整合与重铸——牟宗三哲学思想研究》

严炳罡 著 北京大学出版社 2012年1月第1版

《向雷锋叔叔学习》

江兰 楚锐 等 编著 知识出版社 2012年3月第1版

《新世纪雷锋丛书——雷锋在人间》

任慧英 主编 华东方 著 春风文艺出版社 2000年2月第1版

《新世纪雷锋丛书——雷锋传人追踪》

任慧英 主编 华东方 著 春风文艺出版社 2000年2月第1版

《新世纪雷锋丛书——雷锋身边的人》

任慧英 主编 华东方 著 春风文艺出版社 2000年2月第1版

《新世纪雷锋丛书——雷锋的故事》

任慧英 主编 陈广生 崔家骏 潘照坤 王德昌 著 春风文艺出版社 2000年2月第1版

《父亲杜平》

昆仑 著 上海文艺出版社 2008年11月第1版

后记

在北京这个寒冷的冬天里，我的《告诉你一个真实的雷锋》终于封笔了。

这本书源于1997年香港回归时，陕西人民出版社施军编辑的一个约稿。她看到我和王跃生1990年在《昆仑》杂志上发表的报告文学《中国雷锋现象》后，觉得作品对雷锋现象的探讨很有新意，但是对雷锋本身的行为和内心世界，以及雷锋精神的时代意义写得还不充分，希望我再写一本解读雷锋的书籍。我当时心里没底，答应考虑考虑再说。后来，交给了她另一部书《全球聚焦36小时》（与孙晓青合著），1998年又交给她出版了《'98长江大决战》。

我们这一代人，对雷锋有着太深的感情，从小至老都崇敬和学习雷锋。而陈广生同志所写的《雷锋的故事》在中国也可以说是妇孺皆知。重复没有意思，再写，写什么？这件事在心里一直放不下。为什么要重写雷锋呢？当今的年轻人，对于雷锋的童年，听着像是一个心酸的故事。对于雷锋的所作所为，甚至觉得不可思议。真有雷锋这个人吗？雷锋对当今还有什么意义？这些疑问随处可听可见。人们很难理解雷锋对毛主席、共产党那种深厚的感情，也无法理解雷锋对人民的那种挚爱。有的甚至把他归结为一个计划经济时代的“傻子”，他又怎么可能和高度开放的市场经济社会的当代中国相接轨呢？有些人甚至怀疑我们党一次又一次地把雷锋抬出来想解决现实问题。在这些疑问当中，我开始了漫漫的思考和采访之路，这一走就是 15 年。

在雷锋的家乡湖南望城，在雷锋工作过的鞍钢化工总厂、弓长岭焦化厂，在雷锋的第二故乡抚顺，在雷锋生前所在团，在吉林，在河南，在北京……我追寻着雷锋的足迹，采访了一大批当年和雷锋一起工作过的同志。庆幸的是，当年选调雷锋到县委工作的黄菊芳、对雷锋帮助很大的冯健、培养雷锋成长的县委书记赵阳城、送雷锋当兵的老红军余新元、雷锋的第一任连长李超群、雷锋的排长薛三元、雷锋的同班战友乔安山，以及当年雷锋团的秘书冷宽和书写雷锋故事的陈广生等几十位老同志都给我提供了大量的素材。尤其是我敬佩的老大哥、当年把雷锋接到部队的军务参谋戴明章同志，在 1993 年完成了一项很艰巨的工程，征集了 142 位曾和雷锋共同生活、学习和工作过的亲属、老师、同学、同事、领导、首长、战友以及雷锋辅导过的学生所写的回忆资料。现在，这些文章的作者很多都已经故去了，戴明章同志也离开了我们，但他依据这些回忆资料编著的 80 万字的《回忆雷锋》成为珍贵的文献，成为我研究雷锋的第一手参考资料。我们深深地怀念戴明章这位雷锋的伯乐。

就这样，一个既熟悉又鲜活的雷锋浮现在我的眼前。过去对雷锋的研究和宣传确实成果不少，但只是宣传了雷锋生平事迹的一部分，而且在观察雷锋的视角上、事例的取舍上、语言的选用上都摆脱不了时代的局限。这么说并不是苛求前人（包括我自己）。“一千个读者眼中有一千个哈姆雷特”。由于作者观察角度的不同，对雷锋的解读不可能千篇一律。而我们今天所写的雷锋，在今后的年代也还会为后人所不断认识和补充。雷锋的事迹是有限的，而对雷锋的认识是无限的，对雷锋精神的认识更是囊括了整个中国人乃至世界上其他一些民族的理解，那样的解读更是无限的。

我在深入采访和思考沉淀之后，有了这样一个发现和顿悟：从当年毛主席顺应人民愿望，发出“向雷锋同志学习”的号召，到今天党的十八大提出“推动学雷锋活动、学习宣传道德模范常态化”，尽管在50年的历史长河中，雷锋经历了被追捧、被压抑、被贬低、被质疑、被呼唤的反复过程，但他最终回到了原点。那就是雷锋身上寄托了我们党“为人民服务”的崇高理想，雷锋精神具有一种超越阶级、时代和任何经济形态的道德价值。那就是一个人用什么样的态度对待国家、对待集体、对待工作、对待生活、对待他人。说到底雷锋是个做人的典范。老百姓把雷锋看作是好人的榜样、好事的化身、道德的符号。对老百姓几十年形成的这种共识，千万别以为是把雷锋看低了，因为共产党的全部理想和任务就是在建设美好中国的精神家园中，使更多的人成为雷锋这样高尚的人。这样，有了一个观察和认识雷锋的全新思路，我感到再写雷锋有话可说了。但是，我还没有向出版社承诺。

这本书的基础来源于解放军报社发表的雷锋报道和组织的雷锋宣讲。党的十七届六中全会提出要把宣传雷锋常态化。中宣部要求中央媒体在“走转改”活动中深入搞好雷锋宣传。2012年初，我带着《解放军报》时事部的高吉全、理论部的许三飞编辑，又一次踏上了追寻雷锋之路，在抚顺、在辽阳、在长沙、在邓州，听到了许多过去未曾听到的雷锋事迹和细节，特别是这些年轻同志对雷锋的解读给了我很大启发。回京后，我和《解放军报》文化部主任李鑫（时任理论部主任）、许三飞编辑封闭起来，赶写了题为《永远与人民同行——写在学习雷锋活动开展50年之际》的本报编辑部文章，这又从理论和更高的视野上深化了对雷锋和学雷锋活动的认识。特别是孙晓青社长、总编辑黄国柱在雷锋特刊讨论会上所谈的观点，以及政工部和新闻研究所等同仁的见解，又一次启发了我。后来军报政治部提议我到部队、院校宣讲雷锋，我愉快地接受了这个任务。一是对雷锋有感情，二是宣传雷锋有话说，另外心里还有一个想法没讲出来，就是我若是真的要写一本解读雷锋的新书，那得先经受住听众的检验。在报社领导和网络部、记者部领导的支持下，成立了由宣琦、崔永新、贾惠彭等同志组成的多媒体保障组，政治部政工组长车轮担负了雷锋宣讲的协调和组织工作。理论部、时事部有时还派出同志，陪我到外地宣讲，给了我很大的帮助。宣琦领头制作的“雷锋——永远的榜样”多媒体课件，形式新颖，受到听众的好评。后来，贾惠彭又承担了讲稿的整理和本书的录入工作。在这里，我要向所有给予我帮助的领导和同志们致以深深的谢意。

宣讲雷锋和写作雷锋一样，如何吸引听众，是我反复思考和不断改进的着力点。自2012年3月至11月底，我陆陆续续为部队和地方讲课近40场，听众20多万人。湖南省2012年第三季度在全省进行雷锋精神宣讲活动，省委举行的首场报告会让我来宣讲。在山东、河南六所高校做报告后，大学生们围着我又是签名、又是合影、又是留言，我还被其中三所大学聘请为特约教授，这使我受宠若惊。我做了几十年记者，个人还没经历过这种场面，但是我心里清楚，我不是明星，我是沾了雷锋的光。雷锋才是大家心中一颗永恒的星。这种亲身经历，也使我对写好这本书增加了底气。2012年5月，我到西安为空军工程大学、解放军第四军医大学、武警陕西总队宣讲雷锋，施军闻讯后请上他们出版社的惠西平社长、李晓锋副总编辑来到报告会的现场，亲身感受到雷锋的魅力。这时，我们双方才正式敲定了本书的写作。

在宣讲雷锋活动中，我还有幸遇到了另一位宣传雷锋的热心人，他就是著名书法家、中国人民革命军事博物馆书画研究院常务副院长李洪海。20 世纪 70 年代，他师从启功先生学习书法，颇得真经。李洪海有“雷锋书法家”之称。军报和军博联合举办了“李洪海学录雷锋日记书法展”活动，李洪海老师和我一起下部队展讲，增强了宣讲效果。李老师听了我很多次课，提了不少改进意见，使我受益匪浅，他对写作本书更是积极推动。

本书的结构就是依据雷锋宣讲报告的内容和听众的意见而设置的。在写作上主要依据个人的采访记录和 142 位老同志的回忆，尽可能用亲历者的话来讲清事实。雷锋的战友、原工兵十团技术营书记张时扬对本书多处史料进行了校正。同时，根据听众关注的热点问题，以及网上一些议论甚至质疑，运用热点互动的形式进行解答。感谢解放军装甲兵工程学院院长徐航将军,他不仅为我的写作提供了便利的条件，而且力主使用“真实雷锋”这个书名，他说：“就是要让年轻人知道，我们的雷锋过去是真实的，现在是真实的，将来还是真实的。”不约而同的，陕西人民出版社的总编辑宋亚萍也提出将书名改为“告诉你一个真实的雷锋”。本书在采写的过程中，得到了总政组织部、沈阳军区政治部、济南军区政治部、广州军区政治部，辽宁省军区、湖南省军区、河南省军区，湖南省委宣传部、抚顺市委宣传部，以及抚顺雷锋纪念馆、湖南雷锋纪念馆、沈阳军区雷锋纪念馆、辽阳雷锋纪念馆、邓州编外雷锋团纪念馆和中国福利基金会学雷锋基金管委会的支持和帮助。

本书所采用的雷锋照片多为季增、张峻先生所拍，其余照片为李书良、张雷、穆可双等所拍。

本书在付印出版之前，专门请雷锋的战友冷宽中将、当代雷锋郭明义、全国雷锋精神研究专家邢华琪、雷锋战友乔安山通读并做了重要订正。著名文学家二月河先生关注此书写作并给予了点评。在此一并感谢!

我的父亲陶治中十分关注和支持我宣讲和写作雷锋。在本书的创作过程中，他病重住院，于北京病逝。现在，谨以此书告慰他的在天之灵，以此弥补我在他最后的日子里没有常伴左右的遗憾。

陶　克

2015 年 3 月